AF502085

DIEU

A FAIT

LA FRANCE

GUÉRISSABLE

PAR

L'ABBÉ AUGUSTIN LÉMANN

CHANOINE HONORAIRE
DOCTEUR EN THÉOLOGIE
PROFESSEUR D'ÉCRITURE SAINTE AUX FACULTÉS CATHOLIQUES
DE LYON

Seigneur Dieu, faites miséricorde, je vous prie. Qui rétablira Jacob, qui est si faible ? (AMOS, VII, 2.)

PARIS
LIBRAIRIE VICTOR LECOFFRE
90, RUE BONAPARTE, 90
1884

DIEU

A FAIT

LA FRANCE

GUÉRISSABLE

Imprimatur :

PAGNON, V. G.

LYON. — IMPRIMERIE PITRAT AINÉ, 4, RUE GENTIL.

DIEU

A FAIT

LA FRANCE

GUÉRISSABLE

Seigneur Dieu, faites miséricorde, je vous prie. Qui rétablira Jacob, qui est si faible ? (AMOS, VII, 2.)

PAR

L'ABBÉ AUGUSTIN LÉMANN

CHANOINE HONORAIRE
DOCTEUR EN THÉOLOGIE
PROFESSEUR D'ÉCRITURE SAINTE AUX FACULTÉS CATHOLIQUES
DE LYON

PARIS
LIBRAIRIE VICTOR LECOFFRE
90, RUE BONAPARTE, 90
—
1884

A LA FRANCE

C'est à vous, ô ma Patrie, que j'ambitionne l'honneur de dédier cet ouvrage.

Toujours vous avez mérité que tous vos enfants vous entourassent de respect, d'amour, de dévouement.

Mais aujourd'hui, qu'à l'exemple de Noémi tombée dans le malheur et abandonnée d'une de ses filles, vous pouvez vous écrier : Ne m'appelez pas Noémi (c'est-à-dire belle), mais appelez-moi Mara (c'est-à-dire amère), parce que le Tout-Puissant m'a remplie de beaucoup d'amertume[1], *ô ma France!*

[1] *Ruth.*, I, 20.

vous m'êtes devenue plus chère, et je m'attache plus étroitement à vous.

C'est donc du fond du cœur et avec un redoublement de respect que, déposant à vos pieds mon humble mais sincère hommage, la main dans votre main, je redis cette protestation, l'une des plus anciennes, des plus complètes et des plus belles de la fidélité : Partout où vous irez, j'irai, et là où vous demeurerez, je demeurerai pareillement. Votre peuple est mon peuple, et votre Dieu est mon Dieu[1].

[1] *Ruth*, I, 16.

Le 15 Janvier 1884, en l'Octave de l'Épiphanie.

DIEU

A FAIT

LA FRANCE

GUÉRISSABLE

PRÉAMBULE

DOUBLE TENDANCE, DOUBLE ERREUR ACTUELLE :

L'ERREUR DE LA *DÉSESPÉRANCE* ET CELLE DE LA *PRÉSOMPTION*

Depuis treize ans que l'existence de la France se trouve mise en péril, on a vu se former peu à peu, parmi les conservateurs chrétiens, deux courants d'idées, deux tendances, ou plutôt deux erreurs diamétralement opposées.

De ces deux erreurs, l'une prétend que lorsque les nations sont descendues jusqu'à un certain degré d'impiété, de désorganisation et de déconsidération, elles ne sont plus guérissables; mais que, par une pente logique et fatale, elles s'en vont irrémédiablement à la mort. Ainsi en serait-il de la nation de l'Europe qui s'appelle encore la France.

L'autre erreur affirme, à l'opposé de la première, que le relèvement de la France est, au contraire, chose absolument certaine; assurée que serait de son avenir la noble nation, en vertu de son titre et de sa mission de *Fille aînée* de l'Église.

De ces deux erreurs, la première est celle de la *désespérance;* la seconde, celle de la *présomption.*

L'erreur de la désespérance, actuellement peut-être la plus générale, probablement à cause des pertes soudaines, irréparables, qui ont frappé le parti conservateur, se base scientifiquement sur une interprétation rigoureuse d'un texte de la Bible, au livre de la *Sagesse.*

Il n'y aurait point, paraît-il, au livre de la *Sagesse* (chap. Ier, v. 14), ainsi qu'on aime à se le dire et à le redire : *Dieu a créé guérissables les nations de la terre;* mais seulement, et cela d'après le texte grec, qui est l'original : *Dieu a créé toutes choses pour qu'elles subsistent, et sains dans leur origine étaient les êtres du monde.* Vous le voyez, conclut l'erreur de la désespérance, il n'est question ni de guérison, ni même de nations; il s'agit seulement de l'ensemble des êtres, sains à leur origine. Et ainsi la France ne peut même en appeler, pour relever son courage, à un seul texte biblique qui lui permette d'attendre, d'espérer sa guérison.

L'expression de ces sentiments a été publiquement formulée, il y a environ un an, dans une lettre adressée au journal l'*Univers* [1]. Nous allons, à quelques lignes près, la reproduire intégralement :

AU RÉDACTEUR

« Monsieur,

« ..... J'oserai hasarder une observation qui est peut-être nécessaire dans l'état d'optimisme où sont en France quelques esprits légers. Il s'agit de ce fameux verset du livre de la *Sagesse*, chap. Ier, que M... et bien d'autres traduisent par ces mots : *Dieu a fait les nations guérissables. Creavit enim ut essent omnia et sanabiles fecit nationes.*

« D'après saint Jérôme, le mot *natio* ne veut pas dire nation, mais création, toute chose qui prend naissance *(nasci)*. Et le mot *sanabiles* ne signifie pas guérissables, mais saines. Dieu a fait toutes les choses pour la vie *(ut essent)*, et les a créées saines. La pourriture ne vient pas de lui, mais de l'homme. Ce sens est le sens littéral, parce qu'il entre essentiellement dans le sens du chapitre entier, qui a en vue la création, et non la guérison ou la restauration des choses. L'autre sens est simplement accommodatif et il n'a ni l'autorité, ni la généralité du sens littéral. Ce que je dis est très important à établir aux yeux de nos

[1] *Univers*, 18 octobre 1882. — En insérant cette lettre, l'*Univers* l'a fait précéder de cette note pleine d'une sage réserve : « Nous avons reçu, sans pouvoir la publier plus tôt, la lettre suivante, qui rectifie, à propos d'un de nos articles, la traduction généralement adoptée de ce texte : « *Sanabiles fecit nationes*, » en lui donnant un sens moins favorable aux nations qui, comme la France, ont besoin de se guérir. Le lecteur en jugera.

compatriotes, trop portés à croire que la Providence a besoin de la France et qu'elle ne peut rien faire sans elle ; comme autrefois les Juifs, qui se croyaient une nation indestructible parce qu'elle possédait le Temple, *templum Domini, templum Domini.*

« Et, en effet, quelles sont donc ces nations pourries que Dieu a guéries ? Est-ce celles qu'il détruisit par le déluge; ou celles qu'il dispersa par la confusion des langues? Est-ce la nation romaine ? Après un siècle aussi brillant de lumières et de vertus que le quatrième siècle, il semble que Dieu, avec sa toute-puissance, n'a pas pu guérir la nation romaine et lui a substitué des races nouvelles venues du Nord. Cette apparente impuissance de Dieu vient de son respect pour la liberté de l'homme.

« Ont-elles guéri les Églises si florissantes de *Jérusalem*, *Antioche*, *Alexandrie*, *Constantinople* ? Non, elles ont péri et pour toujours.

« Les Ninivites semblent faire exception. Oui, comme le bon larron véritablement repentant sur sa croix...

« D'ailleurs, les Ninivites n'étaient pas des apostats, tandis que les nations de l'Europe le sont toutes. Il y a encore des chrétiens et de très bons en Europe, mais il n'y a plus de nations chrétiennes, toutes ont apostasié. On espère beaucoup de la conversion de l'Angleterre. Oui, comme individus, les Anglais se convertissent, mais la nation n'en prend pas le chemin, et son rapprochement de la papauté n'est qu'un acte de politique, non un acte de foi.

« Malheureusement nous sommes forcés de nous en rapporter plutôt à la malédiction encourue par ceux qui pèchent contre le saint-Esprit; et il n'y a pas de péché contre le saint-Esprit plus grand que l'apostasie. Cette malédiction crie bien plus haut la menace, que le verset 14 du premier chapitre de la Sagesse ne crierait l'espérance, si on l'entendait dans le sens que je combats.

« Il me semble convenable de rabattre un peu de cette infatuation française, qui croit que notre conversion arrivera toute seule et que nous reviendrons à des temps meilleurs. »

L'honorable signataire de cette lettre n'est-il pas dans le vrai? et ses accents de désespérance ne se trouvent-ils pas, ce semble, pleinement justifiés, lorsqu'on les rapproche de ces autres accents, ceux-là pleins d'espérance, tombés, il y a trente-quatre ans des lèvres du Père Lacordaire: « *Le respect nous manque envers nos propres œuvres et nous n'avons plus de force que pour remuer nos ruines. Je me trompe, quelque chose est demeuré grand et honoré dans ce naufrage de toutes les institutions : c'est le magistrat sous sa toge, le soldat sous ses drapeaux, le prêtre dans son temple. Voilà ce qui nous reste, et parce que cela nous reste tout est encore sauvé* [1]. » Ainsi s'exprimait le grand moine, et chacun alors d'espérer avec lui. Mais ce qui motivait l'espérance du P. Lacor-

[1] Lacordaire, *Confér.*, ann. 1849; t. IV, p. 23, 24. Paris, 1857.

daire n'a-t-il pas croulé en partie ; et ne semble-t-il pas que nous soyons précipités à plusieurs siècles loin de ses paroles, tant la descente a été rapide ?

A l'encontre de l'opinion qui vient d'être exposée, il y a, selon que le remarque très justement et énergiquement la lettre précitée, une opinion diamétralement opposée, et aux yeux de laquelle *la Providence aurait besoin de la France.* Le mot est emprunté au comte de Maistre ; mais on l'a exagéré, en l'isolant du contexte[1]. On exagère surtout le motif d'espérance. De même qu'au temps de Jérémie, les Juifs, en entendant les annonces de malheur faites par le prophète, entreprenaient de se consoler en se disant mutuellement : *le Temple du Seigneur! le Temple du Seigneur!* c'est-à-dire, qu'aurions-nous à craindre ? le Temple du Seigneur n'est-il pas au milieu de nous ? Ainsi, aveuglés par une fausse confiance, beaucoup se persuadent aujourd'hui que parce qu'elle est devenue, par son baptême, Fille aînée de l'Église, la France doit participer et participera à la perpétuité promise à sa Mère.

Telles sont, par rapport à l'avenir de la France, les deux erreurs actuellement accréditées.

La première peut se résumer dans ces deux mots

[1] Voici le passage du comte de Maistre : « Je crois qu'il n'a jamais été plus nécessaire d'environner de tous les rayons de l'évidence une vérité du premier ordre (que le Christianisme repose entièrement sur le Souverain Pontife), et je crois de plus que *la vérité a besoin de la France.* J'espère donc que la France me lira encore une fois avec bonté. (*Du Pape*, p. 16.)

bibliques : *Gens perditorum*[1], *La France est une nation perdue.*

La seconde, dans ces autres paroles : *Scio quia resurget*[2] *: J'ai la certitude qu'elle se relèvera.*

Nous croyons que la vérité est dans les deux assertions suivantes, qui seront développées successivement :

1° La doctrine des nations guérissables est théologiquement vraie ; et elle mérite de s'appliquer spécialement à la nation de l'Europe qui s'appelle la France ;

2° Toutefois, la guérison de la France n'est, en soi, que simplement possible ; pour devenir moralement certaine, l'accomplissement de plusieurs conditions est indispensable.

[1] Sophonie, II, 5.
[2] S. Jean, XI, 24.

RÉPONSE

A L'ERREUR DE LA DÉSESPÉRANCE

LA DOCTRINE DES NATIONS GUÉRISSABLES

EST THÉOLOGIQUEMENT VRAIE; ET ELLE MÉRITE DE S'APPLIQUER

SPÉCIALEMENT A LA NATION DE L'EUROPE

QUI S'APPELLE LA FRANCE

I

LA DOCTRINE DES NATIONS GUÉRISSABLES EST THÉOLOGIQUEMENT VRAIE

Il faut, tout d'abord, en convenir sans ambages : l'original du livre de la *Sagesse*, qui est le texte grec [1], ne renferme pas : *Dieu a fait guérissables les nations de la terre*; mais bien, selon la remarque exacte de l'auteur de la lettre : *Dieu a fait toutes choses pour qu'elles subsistent, et sains à leur origine étaient les êtres du monde.*

Il y a plus. Non seulement le texte grec ne porte

[1] Le livre de la *Sagesse* a été écrit en grec, d'après l'opinion universelle des critiques modernes. C'est de l'an 150 à l'an 130 avant J.-C. qu'il a été probablement composé. Toutes les tentatives pour connaître son auteur ont été infructueuses; et si, dans les Bibles grecques, il porte le titre de *Sagesse de Salomon*, c'est uniquement parce que celui qui l'a composé parle, par une sorte de fiction, comme s'il était ce roi.

Voici le texte grec du verset, objet de la discussion :

Ἔκτισε γὰρ εἰς τὸ εἶναι τὰ πάντα, καὶ σωτήριοι αἱ γενέσεις τοῦ κόσμου (I, 14).

pas : *Dieu a fait guérissables les nations de la terre* ; mais elle-même, la leçon de la Vulgate, qui présente cependant : *Sanabiles fecit nationes orbis terrarum*, demande à être traduite d'une manière presque identique au texte grec ; c'est-à-dire non point, ainsi qu'on le fait de nos jours, par : *Dieu a fait guérissables les nations de la terre*, mais : *Dieu a fait saines à leur origine les créatures du monde*. On ne doit pas oublier, en effet, que notre traduction latine du livre de la *Sagesse*, renfermée dans la Vulgate, date des premiers temps de l'Église [1]. Or, à cette époque, le sens propre, ordinaire, du mot latin *natio*, *nationes*, n'était point celui de *nations* ou *peuples*; mais, parce que ce mot dérive de *natus*, participe du verbe *nasci*, « *naître* », son sens propre était celui de *génération* ou *naissance*; et il désignait « la génération des êtres ou l'ensemble de leurs espèces [2] ». — Quant au mot *sanabiles*, il a été employé par le traducteur (dont la latinité est parfois peu correcte, parce qu'elle était celle de la décadence), non dans le sens passif de

[1] La traduction ou version latine du livre de la *Sagesse*, renfermée dans la Vulgate, n'est pas de saint Jérôme ; elle est celle de l'ancienne italique et remonte par conséquent aux premiers temps de l'Église. Cette version ne diffère de l'original grec que dans un petit nombre de points sans importance.

Voici le texte latin du verset 14 :

Creavit enim ut essent omnia, et sanabiles fecit nationes orbis terrarum.

[2] Voir *Grand Dictionnaire de la langue latine* par le Dr Guill. Freund, traduit en français par Theil, Paris, Firm. Didot, 1862, au mot *Natio*.

Les auteurs latins, pour exprimer le sens de notre mot français « nations » emploient l'expression *gens, gentis*. Salluste dit : *Jus gentium* pour « le droit des nations ». Ciceron s'écrie : *Ubinam gentium sumus.*

« guérissable », mais dans le sens actif de *sanus* ou *salutaris* « sain ou salutaire [1]. »

Donc : *Dieu a fait saines à leur origine les créatures du monde ;* ce qui veut dire que les choses, créées saines au commencement, ne renfermaient en elles-mêmes aucun principe malfaisant, aucun principe de mort.

On le voit, il n'est nullement question de « nations guérissables », pas plus dans la version latine de la Vulgate que dans l'original grec.

Et cependant, nonobstant cette absence, l'Église n'a élevé aucune réclamation chaque fois que, dans des traductions en langues vulgaires, et notamment en français, on a fait signifier au fameux passage du livre de la *Sagesse : Dieu a créé guérissables les nations de la terre* [2]. Et le P. Lacordaire n'était que

[1] Cette manière d'interpréter la leçon de la Vulgate a été solidement établie dans une remarquable étude de la *Revue Catholique de Louvain* (15 janvier 1883), sous ce titre : *Est-il dit dans l'Écriture Sainte : « Dieu a fait les Nations guérissables. »* Cette étude est due à la plume de M. A. Carion. — Nous devons ajouter, à l'honneur de Corneille La Pierre, que déjà ce savant exégète l'avait indiquée, sans pourtant la développer. Voici ses paroles : *Dicitur : « Sanabiles », id est salutares et salubres, fecit nationes orbis terrarum ; « nationes », græcè* γενέσεις, *id est generationes, puta res genitas et creatas a Deo, q. d. Deus fecit ut res a se genitæ et creatæ essent salutares, non lethales et mortiferæ... Natio enim alludit ad etymon nasci, sicut* γένεσις *ad* γένεσθαι (*Comm. in Ecclesiastic.*, XVI, 26).

[2] Cette traduction, si éloignée du vrai sens de la Vulgate, ne date pas seulement de nos jours. Elle remonte déjà bien haut. Nous l'avons rencontrée dans plusieurs Bibles françaises des XVe et XVIe siècles.

« *Dieu créa si que toutes choses feussent et fist les naciôs de la terre sanables* » (Bible gothiq. sur vélin imprimée en françoys historiée par Ant. Vérard, Paris, 1495).

« *Dieu créa si que toutes choses feussent et fist les nations de la terre senables* » (Bible en français, par Pierre Bailly, Lyon, 1521).

l'interprète éloquent de cette tolérance, lorsque, dans un mémoire resté célèbre, il écrivait : *La nature humaine a cela d'admirable, qu'elle porte en elle-même le remède avec la maladie. Laissons-la faire un peu et ne repoussons pas cette parole de l'Écriture : Dieu a créé guérissables les nations de la terre* [1].

Oui, proclamons-le bien haut! les nations précipitées jusqu'à un certain degré d'impiété et de désorganisation, ne sont point pour cela vouées irrémédiablement à la mort. Il n'existe pas de fatalisme pour les nations, pas plus qu'il n'y en a pour les individus. Le corps social, à l'exemple du corps humain, reçoit, lors de sa formation, la puissance de réagir, de lutter contre la maladie, contre la mort. Et lorsque Dieu intervient avec sa bonté et son secours, cette puissance native de guérison s'épanouit bientôt en retour à la santé.

Voilà ce que l'Église permet de croire, du moment qu'elle a toléré, et cela depuis longtemps, dans cer-

« *Veu qu'il a créé toutes choses pour estre, et les nations du monde sont capables de salut* » (La Sainte Bible, par Gabriel Cotier, à Lyon, 1560).

« *Mesmes il a créé toutes choses pour estre : et a fait les nations de tout le monde guérissables* » (La sainte Bible contenant le vieil et nouveau Testament traduit du latin en français, par les Théologiens de l'Université de Louvain, à Lyon, 1585, par Symphorien Beraud et Estienne Michel).

Quant aux traductions contemporaines renfermant la même variante, nous nous bornerons à mentionner, pour nous en tenir aux plus récentes : la *sainte Bible*, par M. de Genoude; la *sainte Bible selon la Vulgate*, par M. l'abbé Glaire, ouvrage qui a mérité l'approbation d'une grande partie de l'épiscopat français; *le livre de la Sagesse*, par M. l'abbé Lesêtre.

[1] Lacordaire, *Mémoire pour le rétablissement en France de l'Ordre des Frères Prêcheurs.* — Œuvres, t. I, p. 145, Paris, 1857.

taines traductions de la Bible, la variante : *Dieu a créé les nations guérissables.* Tolérance, toutefois, nullement arbitraire de sa part, mais fondée sur la vérité, en ce que cette doctrine des nations guérissables, si elle ne se trouve point positivement inscrite dans l'original grec du livre de la *Sagesse*, par contre :

1° Elle est formellement et équivalemment énoncée dans d'autres passages de la sainte Écriture ;

2° Elle est affirmée par la tradition ;

3° Elle est justifiée par l'histoire.

1° *Formellement et équivalemment énoncée dans d'autres passages de la sainte Écriture.* — Plusieurs textes en font foi. Mais il en est un cependant qui mérite d'être présenté à part, tant il est positif et lumineux.

C'est Dieu qui parle par la bouche de Jérémie, et voici ce qu'il dit :

Lorsque j'aurai prononcé l'arrêt contre une nation ou contre un royaume pour le déraciner, le détruire et le disperser ; si cette nation se repent du mal pour lequel je l'avais condamnée, je me repentirai [1], *moi aussi, du châtiment que j'avais pensé exercer contre elle* [2].

[1] Dieu parlant aux hommes emprunte ici le langage des hommes. Il est incapable de *se repentir*, comme il est incapable d'*oublier ;* mais il paraît *oublier,* lorsqu'il cesse de donner des marques de son souvenir ; et il paraît *se repentir*, lorsqu'il s'abstient de faire le mal dont il avait menacé. Dieu, comme le remarque saint Augustin, change ses œuvres, sans changer ses desseins : *Opera mutat, consilia non mutat ;* et c'est en changeant ses œuvres qu'il paraît changer ses desseins.

[2] *Jérém.*, XVIII, 8.

Quoi de plus formel et en même temps de plus consolant ! Il ne s'agit point, qu'on veuille bien le remarquer, d'un peuple accidentellement prévaricateur; mais d'un peuple plongé dans l'iniquité, pourri, pour ainsi dire, jusqu'à la racine ; puisque le Seigneur a résolu de le détruire, d'en faire même disparaître la trace... Eh bien ! qu'un pareil peuple se réfugie dans les pratiques de la pénitence, qu'il abandonne ses voies perverses ; et Dieu, lui aussi, reviendra sur son décret de mort : ce peuple guérira et vivra !

A la suite de ce premier texte, en voici d'autres non moins concluants ; mais, pour ne point fatiguer le lecteur, nous ne les accompagnerons d'aucun commentaire.

« *Sonnez de la trompette en Sion, hurlez sur ma montagne sainte, que tous les habitants du pays soient dans l'épouvante, car le jour du Seigneur vient, il est proche :*

Jour de ténèbres et d'obscurité, jour de nuages et de tempête...

Le Seigneur fait entendre sa voix devant son armée, car ses troupes sont innombrables, elles sont fortes, et elles accomplissent sa parole : car le jour du Seigneur est grand et terrible et qui pourra le supporter ?

Maintenant donc, dit le Seigneur, convertissez-vous à moi de tout votre cœur, dans le jeûne, dans les larmes, et dans les gémissements.

Déchirez vos cœurs et non vos vêtements, et convertissez-vous au Seigneur votre Dieu, parce qu'il est bon et miséricordieux, patient et riche en grâces, et qu'il peut se repentir à propos de cette calamité. »

(JOËL, II, 1, 2, 12-13.)

« *Que Samarie périsse, parce qu'elle a poussé son Dieu à l'amertume; qu'elle périsse par le glaive; que ses petits enfants soient écrasés, et ses femmes enceintes éventrées.*

Cependant convertis-toi, Israël, au Seigneur ton Dieu, puisque tu tombes à cause de ton iniquité.

Faites entendre des paroles de repentir et convertissez-vous au Seigneur; dites-lui : ôte toute notre iniquité... Nous ne dirons plus que les œuvres de nos mains sont nos dieux...

Je guérirai leurs blessures, je les aimerai de bon cœur, parce que ma fureur se sera détournée d'eux.

Je serai comme une rosée pour Israël; il germera comme le lis, et sa racine s'étendra comme celle du Liban. »

(OSÉE, XIV, 1-6.)

« *Quel Dieu est semblable à toi, qui effaces l'iniquité, et qui oublies le péché du reste de ton héritage ? Il ne répandra plus sa fureur parce qu'il se plaît à faire miséricorde.*

Il aura de nouveau pitié de nous, il détruira nos iniquités, et il jettera tous nos péchés au fond de la mer. »

(MICHÉE, VII, 18, 19.)

« *Va, et crie ces discours vers l'aquilon, et dis : Reviens, rebelle Israël, dit le Seigneur, et je ne me détournerai pas de vous, parce que je suis saint, dit le Seigneur, et que ma colère ne durera pas éternellement.*

Mais reconnais ton iniquité, parce que tu as péché contre le Seigneur ton Dieu. »

(JÉRÉMIE, III, 12, 13.)

« *Maison d'Israël, je jugerai chacun selon ses voies, dit le Seigneur Dieu. Convertissez-vous, et faites pénitence de toutes vos iniquités, et l'iniquité n'amènera pas votre ruine.*

Rejetez loin de vous toutes les prévarications que vous avez commises, et faites-vous un cœur nouveau et un esprit nouveau Pourquoi mourriez-vous, maison d'Israël ?

Car je ne veux pas la mort de celui qui meurt, dit le Seigneur Dieu, revenez à moi, et vivez. »

(EZÉCHIEL, XVIII, 30-32.)

« *Toi donc, fils de l'homme, dis à la maison d'Israël : Voici les discours que vous avez tenus : Nos iniquités et nos péchés sont sur nous, et par eux nous languissons, comment donc pourrons-nous vivre ?*

Dis-leur : Par ma vie, dit le Seigneur Dieu, je ne veux pas la mort de l'impie, mais que l'impie se détourne de sa voie et qu'il vive. Détournez-vous, détournez-vous de vos voies corrompues; et pourquoi mourriez-vous, maison d'Israël. »

(EZÉCHIEL, XXXIII, 10-11.)

L'ensemble de ces textes ne prouve-t-il pas surabondamment qu'aucune fatalité ne pèse sur les nations coupables, pas plus que, sur les individus pécheurs ?

Mais le même Dieu qui a dit aux individus pécheurs : *Par ma vie, je ne veux pas la mort de l'impie, mais que l'impie se détourne de sa voie et qu'il vive*, est aussi Celui qui a ajouté par rapport aux nations coupables : *Détournez-vous, détournez-vous de vos voies corrompues, et pourquoi mourriez-vous, maison d'Israël*[1] ?

II. — Établie par l'Écriture, la doctrine des nations guérissables se trouve, en outre, *affirmée par la tradition.* — On ne peut nier qu'un des organes les plus autorisés de la tradition soit saint Jérôme. L'honorable signataire de la lettre adressée au journal l'*Univers* invoque lui-même son témoignage, et à bon droit. Saint Jérôme, en effet, n'a pas seulement étudié à fond les Livres Saints dans leurs trois langues originales, l'hébreu, le grec et l'araméen ; il n'a pas seulement compulsé les manuscrits et fixé définitivement le texte de la Vulgate ; mais, par de nombreux et savants commentaires sur un grand nombre des livres de l'Écriture, il demeure encore, à travers les siècles, comme l'un des plus hauts sommets et l'un des princes de la tradition.

Or, voici en quels termes saint Jérôme parle des nations. C'est à propos de cette annonce du prophète Zacharie : *En ce temps-là* (dit le Seigneur), *je m'efforcerai de réduire en poudre toutes les nations qui viendront contre Jérusalem*[2].

[1] Ezéch., XXXIII, 11.
[2] Zacharie, XII, 9.

« *En ce jour,* (ajoute saint Jérôme), *alors qu'il protègera les habitants de Jérusalem, le Seigneur entreprendra de briser toutes les nations qui viendront contre Jérusalem. Mais, loin de les briser pour les perdre, il les brisera pour les amender; en sorte que, cessant de combattre Jérusalem, elles commencent à faire partie elles-mêmes de Jérusalem. Car si Dieu a tiré toutes choses du néant, ce n'a pas été pour perdre ce qu'il avait créé; mais afin que, par sa miséricorde, ce qu'il a créé soit sauvé. Aussi trouvons-nous au Livre de la Sagesse : « Dieu a créé toutes choses pour qu'elles subsistent; saines dans leur origine étaient les espèces du monde, et il n'y avait point en elles de poison mortel* » (Sagesse, I.). *Car, de même que le Seigneur est venu pour chercher ce qui avait péri et sauver le genre humain : ainsi il n'a détruit dans les nations que ce qui en faisait des nations ennemies*[1]. »

Ne dirait-on pas que saint Jérôme a eu pour objectif de décrire notre société contemporaine et ses tentatives contre l'Église ? Mais non, le cadre de l'éminent

[1] *In die illo quandò proteget Dominus habitatores Jerusalem quæret Dominus conterere omnes gentes, quæ veniunt contra Jerusalem. Conteret autem non in perditionem, sed in emendationem, ut adversùm Jerusalem militare desistant, et esse incipiant de Jerusalem. Si enim de nihilo creavit omnia, non idcirco fecit ut perderet quæ creavit; sed ut illius misericordia quæ creata sunt salvarentur. Unde et in Sapientia, quæ Salomonis inscribitur (ei cui tamen placet librum recipere), scriptum reperimus :* Creavit ut essent omnia, et salutares generationes mundi : et non erat eis venenum mortiferum *(Sapien. I). Sicut enim venit Dominus ut quæreret quod perierat et salvavit humanum genus : sic et gentes in eo perdidit, quòd gentes erant adversariæ.* (S. Hierony., *Comment. in Zachar.*, lib. III, cap. XII, v. 9).

docteur est plus vaste encore. Car ce n'est point tel ou tel assaut, telle ou telle persécution, ce sont tous les assauts, toutes les persécutions que les nations soulevées feront, à travers les siècles, subir à l'Église, que saint Jérôme découvre et désigne. Or, qu'adviendra-t-il de ces nations ainsi soulevées contre l'Église, désormais la vraie Jérusalem ? Dieu les brisera, annonce saint Jérôme, toutefois *non pour la mort, mais pour la vie, afin que cessant de combattre Jérusalem, elles commencent à être elles-mêmes de Jérusalem.*

Oui, ce que Dieu travaille à faire disparaître, dans la succession des âges chrétiens, ce n'est point telle ou telle nation, mais seulement ce qui, dans telle ou telle nation, est en état d'hostilité contre l'Église. Depuis le Nouveau-Testament, Dieu frappe *non pour la mort, mais pour la vie* ; et, ce n'est que contraint et comme à la dernière extrémité, qu'il se résout à détruire une nation. Tout l'avenir des peuples chrétiens sous la Loi de grâce a été, ce semble, tracé d'avance dans ce magnifique passage. Aussi après l'avoir lu et relu avec une émotion toujours croissante, tombant à genoux, nous remerciâmes Dieu du plus profond de notre cœur, et il y avait de quoi ; car devant cette assurance que, sous la Loi de grâce, Dieu brise les nations moins pour détruire que pour amender, le voile de l'avenir s'était comme déchiré devant notre regard, et dans cet avenir la France vivait encore !

Mais voici un autre enseignement, disons mieux, une autre consolation, due encore à la tradition.

Dieu a si réellement créé les nations guérissables

que, selon les Pères de l'Église, à chacune d'elles ont été préposés des Anges, chargés de la guider, afin que, elle aussi, ne se heurte point, ne se blesse point contre la pierre. C'est à l'occasion d'un verset du Deutéronome, traduit ainsi qu'il suit par les Septante : *Le Seigneur a déterminé les limites des peuples, selon le nombre des Anges de Dieu* [1], que les Pères de l'Église se sont plu à développer cette belle et consolante doctrine. Quels sont ces Anges, se demandent les Pères ? Et beaucoup de répondre : « Ce sont les Esprits célestes, membres de la cour du Seigneur, que le Roi des cieux prépose à la garde des nations ; si bien, que ce que nous savons, par la Bible, s'être accompli en faveur des individus, se renouvelle en grand par rapport aux nations : les Anges les illuminent, les guident, les protègent, les préservent, les guérissent ! » Ainsi parlent Origène, saint Basile, saint Épiphane, Isidore de Péluze, Théodoret, saint Denys, saint Chrysostôme, saint Hilaire, saint Jérôme, Ruffin, saint Grégoire pape [2], etc. Consolante doctrine, n'est-ce

[1] La Vulgate ainsi que le texte hébreu portent : *Dieu a fixé les limites des peuples, selon le nombre des enfants d'Israël.*

[2] On trouvera les citations des Pères de l'Église dans les ouvrages suivants : *Dogmata theologica* Dyonisii Petavii, Tract. *de Angelis*, lib. II, c. VII, ainsi intitulé : Des Anges gardiens des cités et des royaumes. De quelle manière ils s'acquittent de leurs fonctions à l'égard des peuples qui leur sont confiés. Édit. Vivès, t. I, p. 37-44. — *Dogmata theologica* Thomassini, *de Incarnat.*, lib. XI, c. IV : *Angelorum sanctorum in homines Officia*, édit. Vivès, t. IV, p. 522-529. — Cornel. à Lap., in *Deuter.*, XXXII, 8. — La doctrine catholique, sur ce point, est encore fortifiée par les traditions de la synagogue : « La version des Septante est fondée sur une tradition hébraïque d'après laquelle Dieu a assigné, lors du partage de la terre, un ange à chaque peuple et à chaque contrée » (Bible de *Cahen*, *Deutér.*, p. 138).

pas ? et que l'Église a toujours favorisée. Elle s'est traduite, durant les âges de foi, d'une manière touchante dans les usages des peuples chrétiens. Qui ne sait que l'Ange protecteur de la France est saint Michel, l'un des princes de la milice céleste, et que c'est à lui, à l'heure des épreuves nationales, que nos pères ont souvent recouru [1].

Énoncée dans l'Écriture et affirmée par la tradition, la doctrine des nations guérissables se trouve enfin *justifiée par l'histoire*.

Il a paru dans le monde un peuple à part, peuple non seulement *monothéiste*, en ce qu'il a conservé intacte l'idée d'un Dieu unique ; non seulement *messianique*, en ce qu'il a préparé les voies au Messie promis ; mais encore *typique*, en ce que, dans les grandes lignes de son histoire, ce qui conserve la vie ou occasionne la mort des nations s'est trouvé tracé. Et afin que les enseignements, donnés par ce peuple type, fussent bien aperçus de tous, c'est au centre même de l'ancien monde, dans ce point privilégié qu'un prophète appelle *la terre ombilique* [2], au sein de la Palestine, que Dieu le plaça.

[1] Lorsque Charlemagne était sur le point de livrer combat aux Saxons, il s'agenouilla, dit une pieuse tradition, et implora le secours de saint Michel. Ce secours lui fut accordé, car il vit aussitôt l'archange, en tête de l'armée des Francs, monté sur un coursier blanc, et portant un étendard si resplendissant que les Saxons, qui l'apercevaient aussi, saisis d'effroi, prirent la fuite ou s'entretuèrent. En reconnaissance, Charlemagne aurait fait peindre sur ses étendards l'image de saint Michel avec cette devise : « *Voici Michel, le grand prince qui m'a secouru.* » Maxim. de Ring, *Hist. des Germains depuis les temps les plus reculés jusqu'à Charlemagne*, Paris, 1850. — Voragine, *Légende dorée*.

[2] *Habitator umbilici terræ* (*Ezech.*, XXXVIII, 12). — C'est cette Jé-

Or voici ce qui advint un jour chez ce peuple type :

L'adoration du veau d'or venait d'avoir lieu. Irrité d'une si grande infidélité, le Seigneur avait résolu l'extermination de ce peuple. Déjà ses foudres vengeresses étaient prêtes, quand, tout à coup, Moïse, chef et législateur d'Israël, apparaît devant Dieu. — Ne t'oppose pas à mon dessein, lui dit le Seigneur, en le voyant; ce peuple est indocile et rebelle. Je te rendrai le chef d'une nation plus nombreuse et plus puissante. — Mais, ce fut alors que Moïse, selon l'admirable expression de la Bible, *monta à l'assaut* [1] de la colère de Dieu : Non, Seigneur, s'écria-t-il, non, vous ne passerez pas ! Vous vous laisserez fléchir, vous pardonnerez à mon peuple; ou vous m'effacerez avec lui du livre de vie [2] !

Et le peuple Juif fut sauvé.

Exemple à jamais mémorable d'une nation dégradée mais réhabilitée, mourante mais guérie, condamnée mais sauvée; et aussi de ce que peut espérer, dans d'analogues circonstances, la prière suppliante et toute-puissante des saints. Le Seigneur, ce semble, se souvenait encore de cette journée, lorsque, dix siècles plus tard, à la veille de détruire de fond en comble Jérusalem, il disait à Jérémie : *Mais toi, ne me prie*

rusalem que j'ai placée au milieu des nations, et qui est entourée des autres pays (*Ibid.*, v, 5).

[1] *Et dixit, ut disperderet eos : si non Moyses electus ejus stetisset in confractione in conspectu ejus (Ps.* cv, 23).

[2] *Exode* xxxii, 9, 10, 12, 13, 31, 32.

pas en faveur de ce peuple et ne t'oppose pas à moi[1].

Il est donc constant de par l'histoire, non moins que de par la tradition et la Sainte Écriture que les nations sont guérissables.

Mais si les nations sont *guérissables*, par contre, elles ne sont pas *impérissables*.

Or, c'est là précisément la confusion dans laquelle on tombe, lorsque, objectant que telle nation n'a point guéri, que telle Eglise ne s'est pas relevée, on tire ensuite cette conclusion : donc, les nations ne sont point guérissables.

C'est de la sorte qu'a procédé l'honorable signataire de la lettre à l'*Univers* : *Quelles sont donc*, s'écrie-t-il, *ces nations pourries que Dieu a guéries?... Est-ce la nation romaine? Après un siècle aussi brillant de lumières et de vertus que le quatrième siècle, il semble que Dieu, avec sa toute-puissance, n'a pas pu guérir la nation romaine et lui a substitué des races nouvelles venues du Nord... Ont-elles guéri les Églises si florissantes de Jérusalem, Antioche, Alexandrie, Constantinople? Non, elles ont péri et pour toujours.*

Oui, nous le reconnaissons avec vous, la nation que vous nommez, les Églises que vous rappelez, ont, en effet, péri. Mais êtes-vous sûr qu'avant de disparaître, cette nation, ces Églises n'aient pas été guéries, non point une fois, mais deux fois, mais trois fois, peut-

[1] *Jérém.*, VII, 15; XI, 14; XIV, 11.

être davantage? Cependant, si multiples qu'aient pu être ces guérisons successives, il ne s'ensuivait pas qu'elles dussent assurer la perpétuité. Les Ninivites eux-mêmes n'ont pas laissé que de périr, de disparaître, et cela dans un temps relativement voisin de leur conversion, puisque celle-ci a eu lieu vers l'an 790, et que la destruction de Ninive s'est effectuée l'an 608 ou 607. Et cependant, nonobstant cette disparition si rapprochée, vous n'hésitez pas à reconnaître, et vous avez mille fois raison, que les Ninivites ont été guéris comme nation.

Mais pourquoi ajouter que *les Ninivites semblent faire exception*? C'est là une opinion que nous ne saurions admettre. Car ce qui s'est produit dans l'Ancien Testament, n'a-t-il pu se reproduire, et à plus forte raison, sous le Nouveau Testament? Celui-ci ne se nomme-t-il pas *la loi de grâce;* et n'est-ce pas sous son égide que, selon la belle remarque de saint Jérôme, Dieu brise *pour amender plutôt que pour détruire*? Si donc, il est arrivé que d'anciennes Églises, telles que celles d'*Antioche*, d'*Alexandrie* ont péri, ne sommes-nous pas autorisés à croire que Dieu, avant de les laisser périr, avait, dans sa bonté, tout mis en œuvre pour les conserver; qu'il y a eu, de sa part, tentative sur tentative [1]; et que ce n'est qu'à la suite de plusieurs guérisons, mais toujours suivies de rechutes

[1] Une preuve irrécusable de ces tentatives divines se rencontre dans les sept lettres écrites par l'apôtre saint Jean, de la part du Seigneur, aux sept Églises d'Ephèse, de Smyrne, de Pergame, de Thyatère, de Sardes, de Philadelphie et de Laodicée (*Apocaly.*, II-III.)

coupables, qu'ont retenti enfin, sur ces Églises dévoyées, ainsi qu'autrefois sur Jérusalem obstinée, le battement des ailes méprisées et l'ineffable sanglot de l'amour qui s'en va : *Jérusalem, Jérusalem ! Combien de fois j'ai essayé de rassembler tes enfants, comme la poule rassemble ses petits sous son aile, et tu ne l'as pas voulu*[1] !

Voilà pour ce qui regarde les nations dans le passé.

Quant à l'objection, tirée de la situation de certaines nations dans le présent, par exemple, de l'hérésie déjà trois fois séculaire de l'Angleterre et que l'auteur de la lettre fait ressortir en ces termes : *On espère beaucoup de la conversion de l'Angleterre. Oui, comme individus, les Anglais se convertissent, mais la nation n'en prend pas le chemin et son rapprochement de la papauté n'est qu'un acte de politique, non un acte de foi.* Qui vous a révélé, répondrons-nous, que la nation anglaise et même le peuple de Constantinople que vous nommez également dans votre lettre, ne se convertiront pas un jour? *Ma main s'est-elle donc raccourcie*[2], dit le Seigneur? Et Celui qui permet qu'on s'en aille à la mort, aurait-il perdu la puissance de ramener à la vie? Non certes, il n'en est point ainsi. Guérissables dans le passé, les nations le restent dans le présent et le seront dans l'avenir. Loin donc de désespérer de peuples encore captifs dans les liens de l'erreur, il nous est plus doux d'avoir con-

1 *Math.*, XXIII, 37.
2 *Isa.*, L, 2.

fiance et de penser, avec le comte de Maistre, que peut-être ce dix-neuvième siècle ne s'achèvera point sans que l'*Ile des saints*, brisant ses chaînes, se soit reprise à voguer vers la *Chaire de Pierre*, et sans que la messe ait été célébrée de nouveau dans des murs qui s'en souviennent encore, ceux de *Sainte-Sophie* de Constantinople !

II

CETTE DOCTRINE MÉRITE DE S'APPLIQUER SPÉCIALEMENT A LA NATION DE L'EUROPE QUI S'APPELLE LA FRANCE

La doctrine des nations guérissables étant théologiquement établie, il nous est doux d'arriver à la seconde partie de la proposition énoncée plus haut, à savoir que cette doctrine mérite de s'appliquer spécialement à la nation de l'Europe qui s'appelle la France.

Certes, nous ne le nierons point, ils sont nombreux les signes d'abaissement et de désorganisation dans celle qui fut longtemps, en ce monde, la grande Nation : si nombreux, et en même temps si affligeants, qu'hier encore, un de ses plus nobles enfants traçait ces lignes, d'une main découragée : *Comment ne pas reconnaître que notre France est perdue, et se dissimuler que rien ne peut la sauver désormais de la Révolution* [1] *?*

[1] Journal l'*Univers*, 2 Octob. 1883.

Non, elle n'est point perdue notre France! Si multiples et si douloureux qu'apparaissent les signes de son affaissement, cependant *le passé* et *le présent* même de notre pays nous font un devoir d'espérer. Et, bien que le corps social soit en voie, selon l'expression d'un prophète, de ne plus présenter bientôt, *des pieds à la tête, qu'une grande défaillance*[1], néanmoins nous persistons à croire qu'il est encore guérissable.

Oui, *le passé* de la France permet, autorise même cette espérance :

N'est-ce pas la France, en effet, qui a été donnée à l'Église comme fille aînée, comme *premier-né*[2] des peuples chrétiens? Et, bien qu'il faille se garder d'exagérer cette faveur, ainsi qu'on l'établira bientôt; néanmoins, ce qu'un pareil titre devait avoir de poids dans les destinées du peuple qui en était honoré, on pouvait l'augurer de deux faits considérables : d'abord, de la haute satisfaction divine qui avait été celle de Jéhova le jour où il se glorifia, dans l'Ancien-Testament, de posséder lui-même *un premier-né en son peuple d'Israël*[3]; ensuite, de ce que, dans le Nouveau-

[1] *Isaïe*, I, 6.

[2] Le titre de *fils aîné de l'Église* que portaient les rois de France, remonte au temps de Clovis, qui le reçut après avoir embrassé le christianisme. C'était alors la constatation d'un fait, car Clovis en sortant du baptême, se trouva le seul souverain catholique du monde chrétien. Les rois Bourguignons, Goths, Vandales, Lombards établis dans les Gaules, l'Italie, l'Espagne, l'Afrique, et vers la Pannonie, étaient tous Ariens; les autres barbares, idolâtres; et Anastase, qui gouvernait alors l'Orient, suivait la secte Eutychéenne. Tous les princes qui depuis abjurèrent leurs erreurs, n'ayant été réellement que les fils puînés de l'Église, le titre de *Fils aîné* demeura comme par privilège aux successeurs de Clovis.

[3] *Exode*, IV, 22.

Testament, parmi les titres divers qui rayonnent autour de la tête adorable du Christ, celui de *premier-né*[1] fait partie du diadème.

N'est-ce pas la France qui a commencé la grandeur temporelle du Saint-Siège par les donations territoriales de Charlemagne? Et, le jour où elle accomplissait cette offrande, les anges et les hommes n'entendirent-ils pas retentir de nouveau ces paroles de prophétique bénédiction : *Partout où sera prêché l'Évangile, on racontera en l'honneur de celle-ci ce qu'elle vient d'accomplir*[2] !

N'est-ce pas la France qui a fourni, à toutes les époques, pour la propagation de l'Évangile, le plus de missionnaires, peut-être même le plus de sang? Et à cause de ce sang versé pour l'extension du royaume de Dieu, n'a-t-elle pas mérité que la réponse de saint Remi aux détracteurs de Clovis se prolongeât, comme un voile, sur ses fautes : *Il faut pardonner beaucoup à celui qui s'est fait le propagateur de la foi et le sauveur des provinces*[3].

N'est-ce pas à la France que l'expansion de la charité a toujours été aussi naturelle que l'est au soleil la diffusion de sa lumière? Et n'est-ce pas chaque jour

[1] « Il est l'image du Dieu invisible, le *premier-né* de toute créature. » (*Epit. aux Coloss.*, I, 15). — « Lorsque Dieu introduit son *premier-né* dans le monde, il dit : Que tous les anges de Dieu l'adorent ». (*Rom.*, I, 6).

[2] *Math.*, XXIV, 13. Dieu, qui dispose tout avec poids, nombre et mesure, a permis que la femme de l'Évangile qui répandit son parfum sur les pieds du Sauveur, Marie-Madeleine, soit venue vivre, mourir et reposer chez le peuple qui devait, un jour, attribuer un territoire aux pieds du Vicaire de Jésus-Christ.

[3] Montalembert, *Moines d'Occident*, t. II, p. 269, Paris, 1862.

et à toute heure que Jésus-Christ a pu dire, comme à l'époque de saint Martin : *C'est la France qui m'a couvert de ce vêtement !*

Enfin, n'est-ce pas en France que le culte de Marie, depuis l'hommage prophétique *à la Vierge qui devait enfanter*[1], jusqu'à l'érection nationale de *Notre-Dame de France*, est allé toujours grandissant ? Et n'y a-t-il pas un vœu de Louis XIII consacrant à Marie le royaume de France, afin que, *par le secours de ce puissant patronage, la France soit toujours sauvegardée*[2] ?

Tels sont, dans le passé et devant Dieu, quelques-uns des titres de la France.

Aussi Celui qui tient compte aux nations, tout comme aux individus, même d'un verre d'eau donné en son nom, a-t-il toujours maintenu, dans notre histoire nationale, une présence toute particulière de sa miséricorde. Quelque grands qu'aient été nos écarts, et il en faut faire l'aveu, ils ont été nombreux, toujours la main qui châtie, a été suivie de la main qui guérit; Dieu nous ayant placés, ce semble, sous le couvert de cette parole, adressée autrefois à son peuple d'Israël : « *Ne crains point, ô Jacob, dit le Seigneur, parce que je suis avec toi. Je te châtierai avec justice, et ne te*

1 Une statue prophétique fut élevée à la Mère de Dieu plusieurs siècles avant sa naissance, dans l'emplacement même où est aujourd'hui la cathédrale de Chartres; c'est là que les druides, prêtres des Gaulois, rendaient leurs hommages à la Vierge qui devait enfanter : *Virgini pariturœ.* (*Hist. du culte de la Sainte-Vierge en France*, par M. Hamon, curé de Saint-Sulpice, Paris 1861, t. I, p. 185).

2 Déclaration de Louis XIII.

pardonnerai pas comme si tu étais innocent : mais je ne te détruirai pas[1]..... »

Les preuves en sont frappantes :

Ainsi, quand pour avoir outragé la majesté du Pontife Romain par une politique de violence exprimée dans le soufflet de Nogaret, la France se voyait humiliée, abaissée, à son tour, dans les champs de Crécy ; et qu'ensuite se levait soudain, étincelante dans son éclair, l'épée bretonne de Duguesclin : c'était, après le châtiment, la main de Dieu guérissant la France[2] !

Ainsi encore, quand, pour avoir mis en péril l'unité de l'Église par une participation si large au grand schisme d'Occident, la France *faisait pitié à voir*[3], la plupart de ses provinces ayant été, à leur tour, séparées d'elle ; et qu'ensuite se déployait tout à coup, pour la victoire et l'unité, la bannière fleurdelisée de Jeanne d'Arc : c'était après le châtiment, la main de Dieu guérissant la France[4] !

Et dans des temps plus rapprochés, quand, pour avoir orgueilleusement attenté aux droits de l'Église, par la Déclaration obligatoire de 1682, la France dépouillée de toutes ses conquêtes, allait se voir forcée à son tour, jusque dans ses frontières naturelles ; et qu'à ce moment, par un retour inespéré de la fortune, le brave maréchal de Villars sauvait et ces frontières

[1] *Jérém.*, XLVI, 28.
[2] Années 1303-1346-1376.
[3] Expressions employées par Jeanne d'Arc.
[4] Ann. 1378-1416-1429.

et la monarchie : c'était, après le châtiment, la main de Dieu guérissant la France[1] !

Plus près encore, quand, pour avoir outragé la morale comme on n'outrage pas, et ri de Jésus-Christ avec Voltaire, la France était placée sous la Terreur avec Robespierre; et qu'après d'ineffables angoisses, une main, chargée des trophées de vingt victoires, rouvrait enfin les églises et signait le Concordat : c'était toujours, après le châtiment, la main de Dieu guérissant la France[2] !

Est-ce à dire que les divers instruments employés ainsi par cette main divine et libératrice, furent sans tache et sans reproche? Il serait puéril d'essayer même de l'avancer. Mais ce n'est point de leur vie à eux, c'est de leur place dans les desseins de Dieu, par rapport à la France, qu'il s'agit ici ; nous rappelant, du reste, que tout n'était pas pur non plus, au temps des Juges, parmi les libérateurs d'Israël[3] !

Elle deviendra même plus facile encore notre indulgence, si nous prenons la peine de considérer que ces hommes, instruments dans la main de Dieu, avaient reçu la mission de relever surtout, dans la patrie tombée, ses ruines matérielles. Mais la divine Providence, attentive, avant tout, à relever les ruines morales, avait soin de compléter l'œuvre de guérison, en faisant apparaître, à côté des hommes d'épée, d'autres hommes

[1] Ann. 1688-1704-1709.
[2] Ann. 1730-1793-1801.
[3] Jephté avait été un chef de bandes ; et l'on connaît les écarts de Samson (*Juges*, XI, 1-4 ; XVI, 1-20).

plus puissants encore, par leurs vertus d'abord, souvent aussi par leurs miracles. Dire tout ce qu'ont accompli ces vrais réparateurs de l'âme de la France, aux diverses époques dont il vient d'être question, serait chose impossible dans le cadre restreint de ce rapide travail. Qu'il suffise donc, après avoir nommé les épées et les bannières, de mentionner entre beaucoup, en remerciant Dieu de les avoir donnés à la France, la vie pénitente d'un Charles de Blois, le zèle brûlant d'un Vincent Ferrier, l'humilité prodigieuse d'un François de Paule, l'obéissance affectueuse d'un Fénelon, le dévouement infatigable d'un Jean de la Salle, les larmes silencieuses d'une Marie Leczinska, et surtout, comme supplication suprême, le sang innocent de Louis XVI !

Il n'y a donc pas lieu de désespérer de l'avenir de la France, si l'on interroge, sur cet avenir, les enseignements du passé.

Nous ajoutons que le *présent* n'est pas plus incompatible avec la possibilité d'une guérison.

Les conditions d'existence pour la France semblent, en effet, avoir été nettement fixées, nettement déterminées, quand, agenouillé avec Clovis aux pieds de saint Remi, le peuple des fiers Sicambres se vit sacré avec son chef par l'huile sainte et ces paroles : Je vous sacre pour être « *les perpétuels défenseurs de l'Église et des pauvres* [1]. »

[1] Ces paroles, ainsi citées par Bossuet dans son fameux *Sermon sur l'Unité de l'Église*, résument toute la partie du testament de saint Remi relative aux rois de France et à leur peuple. Voici les paroles de Bossuet : « Saint Remy vit en esprit qu'en engendrant en Jésus-Christ les rois des

Être le défenseur de l'Église, être le défenseur des pauvres, la raison de l'existence de la France est tout entière dans ces deux mandats.

Or, à l'heure où nous sommes, la France continue-t-elle à être le défenseur des pauvres ?

Oui, et d'innombrables preuves témoignent de sa fidélité dans cette partie de sa mission. Le P. Lacordaire, que nous avons déjà cité, s'en enorgueillissait pour notre pays, et avec raison, le jour où y rapportant l'habit des Frères Prêcheurs, il s'écriait dans la chaire de Notre-Dame : « Comptez, s'il vous est possible, les œuvres saintes qui, depuis quarante ans, élèvent dans la patrie leur tige florissante. Nos missionnaires sont partout, aux Échelles du Levant, en Arménie, en Perse, aux Indes, en Chine, sur les côtes d'Afrique, dans les îles de l'Océanie ; partout leur voix et leur sang parlent à Dieu du pays qui les verse sur le monde. Notre or court aussi dans tout l'univers, au service de Dieu..... Chaque ville, sous le nom de *Conférence de Saint-Vincent-de-Paul*, possède une fraction de cette jeune milice, qui a placé sa chasteté sous la garde de sa

Français avec leur peuple, il donnait à l'Eglise d'invincibles protecteurs. Ce grand saint et ce nouveau Samuel, appelé pour sacrer les rois, sacra ceux-ci, comme il dit lui-même, pour être « *les perpétuels défenseurs de l'Église et des pauvres*. » (Bossuet, *Sermon sur l'Unité de l'Église*, édit. Vivès, t. XI, p. 611, Paris, 1863). Cfr : Flodoard, *Testament. S. Rem.*, lib. I, cap. XVIII. Flodoard, abbé de Saint-Rémy-de-Reims, évêque de Noyon et de Tournay, est né en 894, et est mort en 966. Il a laissé plusieurs ouvrages, entre autres une *Histoire de l'Église de Reims*, composée d'après les meilleures sources. Ses œuvres ont été rééditées dans la *Patrologie latine* de Migne. La partie du testament de saint Remi relative aux rois de France se trouve au t. CXXXV, p. 66-68.

charité, la plus belle des vertus sous la plus belle des gardes. Quelles bénédictions n'attirera pas sur la France cette chevalerie de la jeunesse, de la pureté et de la fraternité en faveur du pauvre!... La France est toujours le pays des saintes femmes, des filles de Charité, des sœurs de la Providence et de l'Espérance, des mères du Bon-Pasteur, et quel nom pourrai-je créer, que leur vertu n'ait baptisé déjà [1]? »

Des deux conditions d'existence pour la France, l'une continue donc à être exactement remplie ; puisque la France demeure le défenseur des pauvres.

En est-il ainsi de l'autre; et peut-on dire que la France soit restée également *le défenseur de l'Église*?

Un fait va répondre à cette question:

C'était en 1873, deux ans et demi après nos revers. Quelques Français, de passage à Rome, se trouvaient réunis, un soir, chez S. E. le Cardinal Capalti. Ce prince de l'Église était un homme de haute valeur intellectuelle [2]. Il avait été l'un des cinq présidents au Con-

[1] Lacordaire, *Œuvres*, t. VI, p. 293-296, Paris, 1858.

[2] Le cardinal Annibal Capalti, né à Rome le 21 janvier 1818, fit ses études au collège Romain et à l'Apollinaire. Il devint bénéficier de la Basilique de S. Maria in Transtevere; professeur de Droit à la Sapience; chanoine à S. Maria in Transtevere; camérier secret surnuméraire; préfet des Etudes à l'Apollinaire; secrétaire de la Congrégation des Etudes.

En 1847, Pie IX ayant donné une constitution politique, A. Capalti fut élu membre de la Haute-Chambre; puis nommé par le Pape conseiller d'Etat; chanoine de S.-Jean-de-Latran ; protonotaire apostolique surnuméraire; secrétaire de la Congrégation des Rites; adjoint au Cardinal Patrizzi pour aller assister au baptême du Prince impérial à Paris; secrétaire de la Propagande; consulteur du S. Office et de la Congrégation des affaires ecclésiastiques extraordinaires

Le 13 mars 1868, il fut créé Cardinal diacre du titre de Sancta Maria in Acquiro; un des Présidents du concile du Vatican; abbé commendataire

cile œcuménique du Vatican et il se distinguait, en outre, par un amour sincère de la France. La conversation avait été amenée sur l'effondrement de cette pauvre France, sur les revers successivement subis; revers inouïs, imprévus, touchant presque au surnaturel. On les nommait ces revers, on désignait aussi les champs de bataille, les villages, les villes, les jours qui les avait vus se produire. Tout à coup, le Cardinal, qui avait fait silence et semblait se recueillir, élevant la voix, mais avec un accent qui n'était plus celui de la conversation : *Le vrai péril pour la France*, s'écria-t-il, *n'a été ni Reischoffen, ni Sedan, pas même la capitulation de Paris; le vrai péril pour la France a existé le jour où, venant exprès d'Allemagne à Versailles, Mgr Ledochowski, archevêque de Posen, proposa au roi Guillaume devenu empereur, de prendre en main le sceptre de Charlemagne, tombé de celle de la France, depuis l'heure où elle avait abandonné Rome. Si ce jour-là, prêtant l'oreille à une si soudaine et si séduisante proposition*, ajouta avec émotion et vivacité son Éminence, *il avait été donné à l'Empereur d'Allemagne de la réaliser, c'en serait peut-être fini de la noble nation de France.*

perpétuel des SS. Vincent et Anastase, aux Trois-Fontaines; visiteur apostolique des clercs ministres des Infirmes; préfet de la Congrégation des Études.

Il était enfin membre des Congrégations de l'Inquisition, des Rites, des Évêques et Réguliers, de la Propagande, de la Discipline régulière, visiteur du Collège anglais, protecteur de l'Œuvre de la Sainte-Enfance.

Frappé d'apoplexie, en 1875, il resta pendant deux ans réduit à l'impuissance, et mourut le 18 octobre 1877.

Pour votre patrie il n'y aurait plus de raison d'être, sa mission ayant été transférée à une autre. Mais, parce que la divine Providence a permis que, loin de protéger l'Église, l'Empereur d'Allemagne se soit fait persécuteur, la France peut avoir confiance ; sa mission divine ne lui est pas retirée [1].

Ces paroles de si consolante espérance, il a été donné à celui qui écrit ces pages de les entendre.

Oui, et il importe de le faire retentir bien haut, la raison d'être pour la France réside principalement dans la mission qu'elle a reçue de protéger et de défendre l'Église : *Je vous sacre pour être les perpétuels défenseurs de l'Église et des pauvres.* C'est cette mission qui l'a distinguée entre tous les peuples, et en a fait, durant dix siècles, la première, la plus influente de toutes les nations.

[1] En relatant cette démarche de Mgr Ledochowski, il est tout à fait hors de nos intentions d'atteindre, par le moindre blâme, la Personne de l'éminent Archevêque. N'est-ce pas le cas de se rappeler que la religion, loin d'affaiblir les sentiments patriotiques, les réchauffe et les développe ? Mais si l'Archevêque de Posen a cru de son devoir d'ambitionner pour sa patrie la plus haute de toutes les missions terrestres, le nôtre, à nous Français, ne doit-il pas être de travailler de toutes nos forces à conserver à la France cette dignité si enviable de soldat de l'Église : *Je vous sacre pour être les perpétuels défenseurs de l'Église !* Le fait de la démarche de l'archevêque de Posen, dans le sens que nous venons d'indiquer, se trouve confirmé dans une brochure très instructive publiée récemment à Leipzig par M. Hahn, conseiller privé à la Cour d'Allemagne, sous ce titre : *Bismarck après la guerre.* La haute position de M. Hahn ajoutant une grande valeur à son écrit ; et, d'autre part, la démarche faite à Versailles par l'Archevêque de Posen devant marquer dans l'histoire, à cause des conséquences incalculables qu'elle pouvait avoir par rapport à la France, nous nous réservons d'apprécier plus à fond et cette démarche et cet écrit, de faire sur l'un et sur l'autre un jour complet dans le chapitre supplémentaire placé à la fin de notre opuscule et intitulé : *Sentiments et conduite de l'Église Romaine à l'égard de la France malheureuse.*

Mais, tandis que l'éminentissime Cardinal en faisait ainsi la remarque, à Rome, dans une conversation particulière; il arrivait qu'en France un fils même de la pauvre éprouvée, de grande mémoire aussi, l'évêque de Poitiers, Mgr Pie, le proclamait également dans un écrit public qui fit sensation : *Les Français*, y était-il dit, *eurent l'honneur unique, et dont ils n'ont pas été à beaucoup près assez orgueilleux, celui d'avoir constitué humainement l'Église catholique, en donnant ou en faisant reconnaître à son chef le rang indispensablement dû à ses fonctions divines. A partir de là, et comme récompense de ce service, la France occupa sans contestation la première place dans cet aréopage des nations européennes qui s'appela la chrétienté : c'est dire qu'elle fut universellement considérée comme la plus grande nation du monde. Et malgré des fautes partielles, suivies de châtiments temporaires, on la vit toujours monter et grandir tant qu'elle n'a pas répudié sa première mission. Mais on ne réagit pas impunément contre soi-même et contre sa vocation essentielle. Sachons reconnaître et confesser l'énormité de notre faute... O France des anciens jours, ce que tu avais si heureusement fait par le bras de tes géants, nous l'avons vu détruire sous nos yeux par la main des pygmées politiques au caprice desquels les révolutions t'ont jetée, quoniam quæ perfecisti destruxerunt*[1].

[1] L'évêque de Poitiers, *Éloge funèbre des soldats français glorieusement morts pour la patrie dans la journée du 2 décembre 1870.* — *Œuvres*, t. VII, p. 320-321.

Oui, confessons l'énormité de notre faute; et reconnaissons, tandis qu'il en est encore temps, que cette faute pouvait être irréparable. Mais Dieu s'est montré ineffablement miséricordieux, en ne permettant pas qu'aucune nation, jusqu'à cette heure, ni l'Autriche, ni l'Allemagne, ni l'Espagne, ni l'Angleterre, nous aient remplacés dans la mission de *défenseurs de l'Église*. Cette mission ne nous ayant donc pas été retirée, il est permis d'espérer, qu'à cause d'elle, la France conserve encore sa raison d'être, et qu'elle guérira afin de l'exercer de nouveau.

Et alors l'abandon n'aura été que transitoire, semblable à celui dont fut témoin, il y a des siècles, le jardin de Gethsémani; quand, dirigée par un traître, la horde sacrilège osa porter la main sur la personne de Jésus-Christ. A ce moment, rapporte l'Évangile, tous les Apôtres se retirèrent, ils s'enfuirent même[1]. Abandon qui leur fut néanmoins pardonné; car il avait à sa décharge toutes ces heures d'amour qui l'avaient précédé, surtout cette protestation trois fois répétée qu'on resterait fidèle jusqu'à la mort. Or, ainsi en sera-t-il de la France, ô mon Dieu, si votre Christ, de nouveau abandonné dans son Vicaire, daigne semblablement lui pardonner. Car cet abandon qu'elle a commis, plus coupable que celui de Gethsémani, puisqu'il a été prémédité, aura eu cependant à sa décharge d'avoir été précédé aussi de bien des heures d'amour, de plus d'une protestation, de plus d'un dévouement. Et n'est-

[1] S. Math. xxvi, 56.

ce point le cas de répéter, comme une prière devant Dieu, ces paroles, expression fidèle du passé et des vrais sentiments de la France : *Ce sera, quoi qu'il arrive, l'immortel honneur de notre pays d'avoir donné à la Papauté en ces jours de crise, outre la garde de son armée, le sang de Rossi, le bras de Lamoricière, et la parole de Thiers*[1].

Tout n'est pas désespéré.

Car, soit que l'on interroge le passé, soit que l'on considère le présent, on découvre plus d'un motif d'espérance.

La France est donc encore guérissable.

[1] Paroles du comte Ch. de Montalembert à l'issue de la séance du Corps Législatif (avril 1865), dans laquelle Monsieur Thiers s'éleva contre la Convention du 15 septembre 1864.

RÉPONSE

A L'ERREUR DE LA PRÉSOMPTION

TOUTEFOIS, LA GUÉRISON DE LA FRANCE N'EST, EN SOI QUE SIMPLEMENT POSSIBLE; POUR DEVENIR MORALEMENT CERTAINE L'ACCOMPLISSEMENT DE PLUSIEURS CONDITIONS EST INDISPENSABLE.

I

TOUTEFOIS LA GUÉRISON DE LA FRANCE N'EST, EN SOI QUE SIMPLEMENT POSSIBLE

Si la France est encore guérissable; cependant, en soi, elle n'est simplement que guérissable. Quels que soient, en effet, les motifs d'espérance; si nombreux et si consolants qu'ils apparaissent, nulle assurance positive, nulle certitude absolue ne garantissent toutefois la guérison.

Nous voici amenés logiquement, le lecteur l'aura déjà constaté, à la seconde erreur signalée au début de cet écrit. Cette erreur, on s'en souvient, diamétralement opposée à la première, estime que le relèvement de la France est chose absolument certaine, fondé qu'il serait sur ces trois motifs, plus spécialement invoqués : le titre de *Fille aînée*, la mission de *défenseur de l'Église*, l'intercession d'*ancêtres* aussi puissants devant Dieu que le sont Charlemagne et saint Louis. Raisons multiples qui paraissent si pressantes, si convainquantes, que non seulement on s'en autorise pour prononcer avec assurance la certitude de la guérison, mais encore pour s'impatienter et même se scandaliser des retards : *Nous attendions la paix, et elle ne vient pas, le temps de la guérison, et c'est le trouble... La moisson est passée, l'été est fini, et nous n'avons pas été sauvés. Par la plaie de la fille de mon peuple, je suis brisé, consterné, attristé. N'y a-t-il pas de baume en Galaad? Ne s'y trouve-t-il pas de médecin* [1]*?*

Certes ! ce n'est pas nous qui entreprendrions d'affaiblir la grande valeur de ces différents titres auprès de Dieu. Chacune des lignes qui précèdent nous serait un démenti. Cependant, si considérable que puisse être cette valeur, ne doit-on pas se garder de l'exagérer? Tous ces titres nous ont certainement valu, de la part de Dieu, une longue et toute particulière prédilection ; ils inclinent encore, à l'heure qu'il est, sa miséricorde en notre faveur. Mais de là à constituer une certitude, à garantir une guérison, à assurer l'avenir, non ! à eux tout seuls, cela ne leur est pas possible.

Le titre de *Fille aînée de l'Église!* Mais les Juifs se glorifiaient, eux aussi, et avec raison, d'être *Fils d'Abraham*. Et un jour, ils entendirent le tonnerre de cette annonce : *N'êtes-vous pas devant moi comme les fils des Éthiopiens, fils d'Israël, dit le Seigneur?... Les yeux du Seigneur Dieu sont ouverts sur tout royaume coupable. Je l'exterminerai de la face de la terre. Je vais donner des ordres, et je se-*

[1] *Jérém.*, XIV, 19 ; VIII, 20-22.

couerai la maison d'Israël parmi toutes les nations, comme on secoue le blé dans un crible. Tous les pécheurs de mon peuple mourront par le glaive, eux qui disent : le malheur n'approchera pas et ne tombera pas sur nous[1] *!*

La mission de *défenseur de l'Église !* Mais elle a contre elle cette menace de l'*Apocalypse* : *J'ai à vous reprocher que vous avez abandonné votre charité première. Souvenez-vous donc d'où vous êtes déchu; faites pénitence et revenez à vos premières œuvres, sinon je viendrai moi-même à vous et j'ôterai votre chandelier de sa place*[2].

Les mérites, les supplications de *Charlemagne* et de *saint Louis !* Mais ils ne sauraient l'emporter sur cette règle de justice divine : *Quand je me serai déclaré en faveur d'une nation ou d'un royaume pour l'établir et pour l'enraciner; si ensuite cette nation ou ce royaume fait le mal à mes yeux et n'écoute pas ma voix, je me repentirai du bien que j'avais décidé de lui faire*[3] *!*

Enfin n'y a-t-il pas aussi cette formidable et irrémédiable parole prononcée par les anges protecteurs d'une

[1] *Amos*, IX, 7-10. Pour détruire la dangereuse confiance que les Juifs plaçaient uniquement dans leur descendance d'Abraham, Dieu déclare qu'il n'en fait pas plus de cas que des Éthiopiens. La noirceur de la peau chez ces derniers était regardée comme un symbole de la noirceur de l'âme.

[2] *J'ôterai votre chandelier de sa place.* Voici ce que signifie cette menace : Si vous ne rallumez votre charité et votre zèle, j'ôterai votre Eglise représentée par le chandelier, en permettant à la persécution, à la division, au schisme ou à l'hérésie, de la troubler, de la disperser, et même de la faire disparaître. Parole terrible et bien capable d'inspirer les plus sérieuses réflexions à quiconque tient de Dieu une mission.

[3] *Jérém.*, XVIII, 9, 10.

nation tombée et qui ne s'est pas relevée : *Nous avons soigné Babylone, et elle n'a point guéri : abandonnons-la*[1] !

Non, rien dans les titres de la France, si influents soient-ils, qui puisse lui garantir l'existence ; rien dans les mérites de ses pères, ni même dans les soins de ses anges protecteurs, qui puisse assurer sa guérison.

Terrible incertitude, n'est-ce pas ?

S'y soumettre, en adorant l'impénétrable profondeur des conseils de Dieu, est tout d'abord notre premier devoir ; car cette incertitude fait partie du plan divin.

Lorsqu'on essaie, en effet, de se rendre compte, à l'aide des données bibliques, de ce qu'est la conduite de Dieu par rapport aux sociétés, on constate qu'il est question, à cet égard, dans les livres divins, de *perpétuité*, de *résurrection* et de *guérison*.

La *perpétuité*, elle a été promise ; et c'est à l'Église catholique, apostolique et romaine : *Tu es Pierre, et sur cette Pierre je bâtirai mon Église ; et les portes de l'enfer ne prévaudront jamais contre elle*[2]. Et encore : *Je suis avec vous jusqu'à la consommation des siècles*[3]. — Il ne faisait donc que rappeler cette consolante promesse, le Pontife de grande et suave mémoire, l'angélique Pie IX, quand, peu de jours avant sa mort, il s'exprimait de la sorte : *Je m'en vais, mais le*

[1] *Jérém.*, LI, 9. — Bien que plusieurs commentateurs placent ces paroles sur les lèvres des peuples alliés ou mercenaires de Babylone ; néanmoins un grand nombre d'anciens exégètes, par exemple, Origène, Raban Maur, Lyran, l'attribuent aux anges gardiens de cette ville.

[2] *Math.*, XVI, 18.

[3] *Ibid.*, XXVIII, 20.

Pape reste toujours debout! Mon héritage et ma dynastie sont immortels. Le temps s'écoulera après ma disparition; mais à la place que j'occupe, les peuples verront toujours un homme vêtu de blanc comme moi, préposé au gouvernement du monde[1]. Telle est la perpétuité promise; et, entre toutes les sociétés de ce monde, l'Église Catholique seule en a reçu l'assurance.

Après la perpétuité, il est question, dans la Bible, de *résurrection;* et c'est au peuple juif qu'elle est promise. Qui n'a lu la description de ce fameux champ des morts montré à Ézéchiel? Il était jonché au loin, ce champ, d'ossements secs et blanchis par le temps. Mais, à un souffle du prophète, commandé par Dieu, voici que tous ces os se remuent, ils se rejoignent, se reconnaissent, s'emboîtent; des nerfs se forment, des chairs les environnent; de la peau s'étend par-dessus; les morts, devenus vivants et animés, se dressent sur leurs pieds; et le Seigneur, s'adressant au prophète, lui dit : *Fils de l'homme, ces ossements sont mon peuple. Ils disent : Nous sommes desséchés, et il n'y a plus d'espérance. Mais toi, dis-leur : Voici la parole de Dieu sur vous : Je vous enverrai mon esprit, et vous vivrez*[2]*!* Magnifique annonce de l'*Ancien Testament*, elle a été encore précisée par saint Paul et complétée par lui dans ce cri d'avenir : *Est-ce que les Juifs se sont heurtés pour tomber sans ressource? A Dieu ne plaise! mais*

[1] Journal l'*Observatore romano*, 8 février 1879.
[2] *Ezéchiel*, XXXVII.

leur chute est devenue une occasion de salut aux Gentils, afin que l'exemple des Gentils provoquât leur émulation. Si leur chute est devenue la richesse du monde, et si le petit nombre auquel ils ont été réduits a été la richesse des Gentils; combien leur plénitude enrichira-t-elle le monde encore davantage?... Et si leur réprobation est devenue la réconciliation du monde, que sera leur rappel, sinon un rappel de la mort à la vie?... Car je ne veux pas, mes frères, que vous ignoriez ce mystère, afin que vous ne soyez point sages à vos propres yeux : qui est, qu'une partie des Juifs est tombée dans l'aveuglement, jusqu'à ce que la multitude des nations soit entrée dans l'Église; et qu'ainsi tout Israël soit sauvé, selon qu'il est écrit : Il sortira de Sion un libérateur qui bannira l'impiété de Jacob[1]. Telle est la résurrection promise; et, entre toutes les sociétés de ce monde, la nation juive seule en a reçu l'assurance[2].

Après la résurrection et après la perpétuité, il est

[1] *Ad Rom.*, XI, 11, 12, 15, 25, 26.

[2] C'est en vue de cette résurrection, que le peuple juif est si miraculeusement conservé. Non seulement ni le temps, ni l'espace, ni les hommes n'ont pu détruire ce peuple; mais, chose singulière, il est aujourd'hui numériquement le même qu'au temps de David et de Salomon. Des recensements officiels, opérés séparément par les soins des gouvernements français, allemand et autrichien, ont, en effet, établi que les juifs dispersés dans le monde, sont encore aujourd'hui au nombre de près de sept millions. Or, au temps de la plus grande splendeur de l'État juif, sous Salomon lui-même, les Hébreux n'ont pas dépassé ce chiffre. Cette conservation, qui tient du prodige, en vue d'un plus grand prodige, celui de leur résurrection ou conversion, a, du reste, été aussi prédite en ces termes: *Je les rappellerai dans la terre que j'ai promise avec serment à Abraham...; je les multiplierai et ils ne diminueront point. Je ferai avec eux une autre alliance qui sera éternelle, afin que je sois leur*

enfin question, dans la Bible, de *guérison*; et c'est à toutes les nations qu'elle est offerte : *Lorsque j'aurai prononcé l'arrêt contre une nation ou contre un royaume pour le déraciner, le détruire et le disperser : si cette nation se repent du mal pour lequel je l'avais condamnée, je me repentirai moi aussi du châtiment que j'avais pensé exercer contre elle*[1]. Qu'on y prenne garde : aucune réserve, aucune exception n'est formulée, n'est adjointe. C'est à toutes les nations, passées, présentes et futures, sans distinction, que la guérison se trouve offerte. Mais, si la guérison est offerte à toutes les nations ; par contre, elle n'est nominalement assurée à aucune. Toutes sont guérissables; aucune n'est spécifiée comme devant certainement guérir. L'Église est spécifiée comme devant durer jusqu'à la fin des siècles; la nation juive est spécifiée comme devant ressusciter un jour; mais, encore une fois, aucune nation tombée n'est marquée comme devant certainement guérir. La France, quels que soient donc ses titres et ses services passés, n'a,

Dieu et qu'ils soient mon peuple (Baruch. II, 34, 35). Nous disons résurrection ou conversion, parce que c'est dans l'ordre spirituel ou de la grâce, et non point dans l'ordre temporel ou de la puissance, que s'opérera le retour du peuple juif au sein de l'Église. Les rêves des anciens ou nouveaux millénaires doivent donc être complètement écartés ; car l'Évangile, source du salut, sera toujours le même, aussi bien pour les Juifs convertis que pour les chrétiens de tous les siècles; or, l'Évangile se résume dans la croix, c'est-à-dire dans l'humilité, la pauvreté, la souffrance. — Quant à l'époque de cette résurrection ou conversion, elle n'est point précisée. Tout ce que l'on sait, c'est qu'elle aura lieu après que l'Évangile aura fait le tour du monde; et elle sera précédée d'une apostasie presque générale. Voir IIe *Epit. ad Thessal.* II, 2-11.

[1] *Jérém.*, XVIII, 8.

sous ce rapport, été l'objet d'aucun privilège : Comme toute nation qui meurt, elle est guérissable ; mais elle n'est que guérissable.

Toutefois, si aucune nation n'a été indiquée comme devant certainement guérir, Dieu, pour atténuer, ce semble, ce qu'il y a de terrible dans cette incertitude, a daigné révéler et déterminer les conditions dont l'accomplissement aurait pour résultat de rendre, de simplement possible, la guérison d'une nation, moralement certaine.

Ce sont ces conditions qu'il importe maintenant de faire connaître ; et c'est sur leur accomplissement que la seconde opinion que nous combattons, défectueuse par excès de confiance, devra porter toute son attention.

II

POUR QUE LA GUÉRISON DE LA FRANCE DEVIENNE MORALEMENT CERTAINE L'ACCOMPLISSEMENT DE PLUSIEURS CONDITIONS EST INDISPENSABLE

Tout d'abord, on comprend qu'il ne peut être question ici des conditions à réaliser dans l'ordre physique et matériel, et qui ressortent de la politique et de ses variations. Le titre même de cet écrit avertit que c'est de conditions plus hautes qu'il s'agit, c'est-à-dire de celles qui, se rattachant à l'ordre moral et supérieur, ont la puissance de fléchir Dieu à l'égard d'une nation coupable et d'en obtenir la guérison.

De ces deux sortes de conditions, les premières, essentiellement particulières et variables, se diversifient d'après le tempérament des peuples, leur passé, leurs traditions, le genre de maladie dont ils sont atteints, les circonstances du moment, le coup d'œil, l'habileté et l'énergie de leurs hommes d'État.

Les secondes, au contraire, stables et universelles, comme tout ce qui appartient à la morale, sont de tous les temps et applicables à tous les peuples.

Le domaine de ces conditions se trouvant donc nettement déterminé, nous allons maintenant les préciser.

Elles sont au nombre de trois. Deux d'entre elles se trouvent plus particulièrement indiquées dans l'Ancien-Testament ; la troisième se lit dans le Nouveau.

Les deux premières ont été employées pour fléchir Dieu, après qu'il eût manifesté, par le prophète Jonas, son dessein de détruire Ninive. C'est dans une ordonnance royale que ces deux conditions furent prescrites par le souverain de Ninive alors régnant, probablement Binnirar, assisté de tous ses ministres [1].

Voici le texte authentique de cette ordonnance, précieuse à plus d'un titre : « *Que les hommes, les chevaux, les bœufs et les brebis ne goûtent de rien, ne paissent pas et ne boivent pas d'eau. Que les hommes et les bêtes se couvrent de sacs, et qu'ils crient au Seigneur avec force. Que chacun se convertisse, qu'il quitte sa mauvaise voie et l'iniquité qui est sur ses mains. Qui sait si Dieu ne se retournera point vers nous pour nous pardonner, s'il n'apaisera pas sa fureur et sa colère, de sorte que nous ne périssions pas* [2]. »

[1] *Et clamavit, et dixit in Ninive ex ore regis, et principum ejus, dicens.* (*Jonas*, III, 7).

Nous ne savons pas sûrement quel roi régnait à Ninive, lorsque Jonas y arriva, porteur du terrible message. D'après la chronologie de Sir H. Rawlinson, c'était Binnirar... Les listes des éponymes nous apprennent qu'il occupa le trône pendant vingt-neuf ans. (Vigouroux, *La Bible et les Découvertes modernes*, t. IV, p. 75, Paris, 1882).

[2] *Jonas*, III, 7-9.

Il ressort de cette ordonnance que les deux premiers moyens à employer pour obtenir la guérison d'une nation aux prises avec la mort, sont *la prière* et *la pénitence.*

D'abord, *la prière* : « *Qu'ils crient au Seigneur de toutes leurs forces.* » C'est que Dieu seul, en effet, a le pouvoir de sauver, étant le maître de la vie et de la mort : *Moi, moi, je suis Jéhovah, et sans moi pas de sauveur*[1] ! Et le cri commandé aux Ninivites devait être le signe d'une prière ardente et pleine de foi, qui s'élèverait vers Dieu du fond de leur cœur. — Des prières ont été également prescrites, il y a plusieurs années déjà, pour le salut de la France. On rapporte que lorsque le Pape Pie IX apprit, en 1871, la décision de l'Assemblée Nationale, relative à ces prières, il tomba à genoux et levant avec attendrissement ses deux mains au ciel, il s'écria : *Maintenant, mon Dieu, vous aurez pitié de ma chère France* ! Touchante exclamation, bien digne du cœur de Pie IX, elle n'était pas seulement un élan de son amour, mais encore l'expression consolante d'une exacte vérité : N'a-t-on pas écrit, en effet, et prouvé d'une manière irréfutable que *toute nation qui prie est exaucée*[2].

[1] *Isaïe*, XLIII, 11.

[2] « Pour écarter un mal, pour obtenir un bien national, il est bien juste, sans doute, que la nation *prie.* Or, qu'est-ce qu'une nation? et quelles conditions sont nécessaires pour qu'une nation *prie?* Y a-t-il dans chaque pays des hommes qui aient droit de *prier* pour elle, et ce droit, le tiennent-ils de leurs dispositions intérieures, ou de leur rang au milieu de cette nation, ou des deux circonstances réunies? Nous connaissons bien peu les secrets du monde spirituel ; et comment les connaîtrions-nous, puisque personne ne s'en soucie? Sans vouloir m'enfoncer dans ces pro-

Toutefois, depuis l'invitation faite par l'Assemblée Nationale, en 1871, peut-on dire que la France ait persévéré à prier comme nation; et oserait-on affirmer que gouvernants et gouvernés, — car c'est de ces deux éléments que se compose une nation, — continuent de proférer ensemble le grand cri de l'âme et des lèvres, voté et demandé, il y a treize ans, comme suprême moyen de salut? Ah! s'il était vrai que notre prière nationale se fût affaiblie et ne répondît plus à ce que le Ciel attendait pour se laisser fléchir, efforçons-nous individuellement de la parfaire, en suppléant à ce qui lui manque, par des prières particulières, plus fréquentes et plus ferventes. Rappelons-nous qu'entre toutes les supplications, il en est une plus spécialement puissante, celle qui se fait en union avec le Sacré Cœur de Jésus. C'est sur la terre de France que la dévotion au Sacré Cœur s'est épanouie; dans une de ses bourgades que s'est fait entendre l'adorable cri : *Voilà ce Cœur qui a tant aimé les hommes!* Qu'à ce cri d'amour réponde ce cri d'espérance : *O Cœur qui avez tant aimé, aimez donc, aimez toujours la France!*

Mais, pour obtenir la guérison d'une nation menacée dans son existence, la prière ne suffit pas ; il faut encore *la pénitence.*

Et quelle vraie pénitence que celle accomplie par les Ninivites : *Que les hommes, les chevaux, les bœufs*

fondeurs, je m'arrête à la proposition générale: *Que jamais il ne sera possible de prouver qu'une nation* a prié *sans être exaucée;* et je me crois tout aussi sûr de la proposition affirmative, c'est-à-dire: *que toute nation qui* prie *est exaucée.* » (J. de Maistre, *Soirées de Saint-Pétersbourg*, t. I, 361, 362).

et les brebis ne goûtent de rien, ne paissent pas et ne boivent pas d'eau. Que les hommes et les bêtes se couvrent de sacs[1]... C'est non seulement une abstinence, mais une privation absolue, durant un jour entier, de toute nourriture et de tout breuvage ; c'est un renoncement complet à toutes les frivolités du luxe pour se couvrir de sacs, c'est-à-dire de ce qu'il y a de plus grossier et de plus informe. Et ce ne sont pas seulement les hommes qui se soumettront à ces rudes pratiques de pénitence ; mais les animaux eux-mêmes y seront associés, afin que, après avoir servi si souvent comme instruments de péché, ils deviennent, à l'heure du péril national, des aides à la réparation.

Toutefois, si expiatoires que puissent nous paraître ces diverses pratiques de pénitence, le Roi païen et son Conseil les jugèrent insuffisantes à sauver la ville ; et c'est pourquoi l'ordonnance royale ajoutait : *Que chacun se convertisse, qu'il quitte sa mauvaise voie et l'iniquité qui est sur ses mains*[2] La conversion du cœur, la transformation de la vie, tels sont, en effet, les grands et indispensables moyens, les signes d'une vraie pénitence, sans lesquels il est impossible de fléchir Dieu.

Eh bien, tout cela s'est accompli à Ninive et si sérieusement accompli, que la pénitence s'y est pour ainsi dire implantée dans le sol. Car aujourd'hui encore, et cela à quarante-cinq siècles de distance, lorsque chaque année ramène l'anniversaire de la prédication de

[1] *Jonas*, III, 7, 8.
[2] *Ibid.*, 8.

Jonas, les indigènes du pays, à l'exemple des générations du Moyen Age, à l'exemple de la génération contemporaine du Prophète, s'abstiennent, ce jour-là, de nourriture et reprennent avec ferveur les livrées de la pénitence [1].

La France, si malade, aura-t-elle le bonheur de voir se produire en sa faveur l'explosion de générosité qui sauva Ninive? Et si, comme nation, elle n'a pu se décider jusqu'à cette heure à devenir pénitente, y a-t-il eu, du moins, au milieu d'elle, des foules, des familles, des individus expiant pour son salut? Sur ces questions, c'est à chacun de se répondre à soi-même, dans son patriotisme; et, pénétrant même au plus profond de sa conscience, de se demander : depuis l'année terrible de 1871, avec laquelle a commencé pour la

[1] Ce fait si remarquable se trouve attesté dans une lettre très importante, écrite en 1853 par M. Victor Place, consul de France à Ninive : «..... Ce pays est plein des souvenirs les plus curieux, et en voici un qui vous surprendra sans doute. La semaine dernière, la ville de Mossoul a célébré *trois jours de jeûne suivis d'un jour de réjouissance en commémoration de la pénitence imposée aux Ninivites par Jonas.* Comme le fait s'accomplit de temps immémorial dans ce pays, on le trouve fort naturel, et l'année dernière on ne m'en parla qu'assez longtemps après qu'il était passé; mais cette année-ci j'ai tenu à en être témoin par moi-même et vous pouvez dire que vous tenez d'un consul présent sur les lieux qu'une ville entière consacre tous les ans un des faits les plus étranges et les plus anciens de la Bible. Ce qu'il y a de plus frappant, c'est que les musulmans eux-mêmes respectent cette tradition et font la fête le même jour que les chrétiens. Il est vrai que le Koran renferme un chapitre entier (le 10e) *consacré à Jonas*, et qu'en face de Mossoul il y a, sur un monticule artificiel, une mosquée très vénérée qui passe pour recouvrir *le tombeau du prophète.* (Lettre de M. Victor Place, *consul de France à Mossoul*, à M. l'abbé Lévêque, directeur de l'*Institution de Notre-Dame à Auteuil*, dans les *Annales de philosophie chrétienne* de M. Bonnetty, vie série, t. VII, p. 379-380. Voir aussi Vigouroux; *Bible et Déc. mod.* t. IV, p. 76, 77.)

France le péril de mort, de quel plaisir me suis-je privé; quelle pénitence ai-je accomplie? Où en suis-je de la réforme de ma vie? Y a-t-il eu, de ma part, abdication généreuse de mes idées, si elles étaient funestes; réforme intégrale de mes mœurs, si elles étaient mauvaises? Dans le cas où, sur ces diverses questions, la conscience nous répondrait en accusatrice, disons-nous bien que, selon l'annonce faite par saint Paul, de toute manière, une rémission n'est point possible sans effusion de sang[1]: Ou l'effusion du sang qui coule dans les veines, ou cette autre effusion des larmes, que saint Augustin appelle *le sang de l'âme;* l'une ou l'autre, cela est absolument nécessaire pour sauver une patrie coupable. Il est vrai que lorsque Dieu, dans sa miséricorde, a décidé d'accorder le salut, voire même quand on n'en est presque plus digne ou qu'on ne le demande plus, il a alors des moyens à Lui pour briser les plus endurcis et les précipiter dans les abîmes de la pénitence; et peut-être, à ce point de vue, sommes-nous destinés à voir se réaliser cette prédiction d'un étranger: *Là-bas, en France, vous marchez à la Terre-Promise, mais en passant par la mer Rouge!*

Prière et pénitence, c'est déjà beaucoup; mais une troisième et dernière condition est encore nécessaire pour assurer la guérison de la France.

Cette troisième condition ne figure point dans l'his-

[1] *Sine sanguinis effusione non fit remissio (Ad Hebræ.* IX, 22). C'est la parole que rappelait dans sa prison, quelques jours avant de mourir, l'un des martyrs de la Commune, le vénérable M. Deguerry, curé de la Madeleine.

toire de la conversion de Ninive; la raison en est que, sous un rapport, Ninive était moins malade que nous ne sommes.

C'est dans le *Nouveau-Testament* que cette troisième condition se trouve particulièrement énoncée par la bouche de Jésus-Christ lui-même : *Tout royaume divisé contre lui-même sera ruiné, et toute ville ou maison divisée contre elle-même ne subsistera pas*[1].

Or, il n'y a plus à le cacher ni à se le cacher : en France, nous sommes profondément divisés. Nous le savons comme le reste du monde; le reste du monde le sait aussi bien que nous, et s'arrange pour en profiter autant que nous y perdons. Non seulement il y a, de nouveau, *des Pyrénées*, et des Pyrénées menaçantes, mais il s'est encore formé, autour de nous, un cercle redoutable de nations hostiles; et ce qu'il y a de plus lamentable, c'est que, à l'intérieur de ce cercle, des Alpes aux Pyrénées et de la Manche à la Méditerranée, il n'y a qu'antagonisme, on ne voit que divisions. Tandis que, par une politique patiente et respectueuse des droits de chacun, nos grands hommes d'État des siècles passés étaient parvenus à faire, de provinces pourtant bien disparates, une France compacte, magnifique d'enthousiasme et d'unité; aujourd'hui, par une succession de fautes vraiment incompréhensibles, il s'est produit une telle désagrégation des hommes et des choses, qu'on se demande si demain cette France, autrefois reine du monde, ne sera pas devenue une ruine

[1] *S. Math.*, XII, 25.

tourmentée par le feu ou une poussière dispersée par le vent. Ce qu'il y a de certain, c'est que déjà toute considération a disparu au dehors : on ose contre la France des paroles et même des actes qu'on ne se permet d'ordinaire qu'à l'égard de puissances de troisième ordre. Ce qu'il y a de certain encore, c'est qu'au dedans la joie, cette joie calme et sereine, caractère d'un peuple sain et sûr de lui-même, a complètement disparu. Car si, d'une part, la France, dans une notable partie de ses enfants, ceux qui souffrent persécution, peut s'approprier ce sanglot : *Mon âme a été repoussée de la paix, j'ai oublié le bonheur*[1]*!* d'autre part, avec ceux qui se sont faits persécuteurs, elle ne justifie que trop, à travers ses blasphèmes, ses libations et ses rires, le funèbre propos du Chancelier allemand : *C'est dans une agonie folâtre que s'éteint la France!*

Si jamais l'avertissement politique autant que prophétique de Jésus-Christ a dû être pris en sérieuse considération, c'est donc par nous : *Tout royaume divisé contre lui-même sera ruiné, et toute ville ou toute maison divisée contre elle-même ne subsistera pas.*

Eh bien! retour à l'unité! mais retour général, décisif, constant, si nous avons encore la patriotique ambition d'arrêter la ruine de la France.

Mais comment, de quelle manière, par quel moyen revenir à cette unité nécessaire?

Il n'en existe pas deux, il n'y en a qu'un : c'est de revenir au principe qui, au cinquième siècle, a fait la France.

[1] Jérém. *Lament.*, III, 17.

Lorsque la fleur, détachée de sa tige, se décolore et se fane, si elle pouvait être ramenée à son principe, à la tige qui l'a portée, la fleur flétrie renaîtrait.

Lorsque le ruisseau détourné baisse et se dessèche, s'il pouvait remonter et se réunir à sa source, le ruisseau amoindri reprendrait vigueur et vie.

Lorsque le rayon intercepté se brise et s'éteint, s'il pouvait être ramené à son foyer, le rayon languissant retrouverait force et lumière.

Ainsi en est-il d'un peuple précipité hors de sa voie, arraché à ses traditions et qui meurt! Pour lui rendre du sang, de la vie, du patriotisme, de l'élan, il faut le ramener, le rattacher de nouveau à son principe.

N'est-ce point ce moyen de renouvellement que semblent conseiller les Saints-Livres, lorsque, dans un langage à la fois simple et profond, ils expriment par un même mot[1] les deux idées de *rajeunir* et de *revenir à son principe*. S'il en est ainsi dans le domaine surnaturel où, pour se renouveler, il suffit de revenir, de se reporter à son principe, qui est Dieu : *O mon âme, bénis le Seigneur, c'est lui qui te rajeunira et te donnera la vigueur de l'aigle*[2]; pourquoi donc, dans le domaine social, le *principe générateur* d'un peuple ne serait-il pas aussi son *principe régénérateur ?*

Au principe générateur de la nation française, lequel fut la monarchie chrétienne, un autre principe a été

[1] Ce mot est ἀνακεφαλαίωσασθαι, *revenir à son principe, restaurer: Instaurare omnia in Christo, quæ in cœlis et quæ in terra sunt;* toutes choses ont été restaurées (ramenées à leur principe) dans le Christ, soit au ciel, soit sur la terre. (*Ephés.*, I, 10).

[2] *Ps.* CII, 5,

tout à coup substitué. L'homme sans contredit le plus capable de faire triompher ce nouveau principe, l'honorable M. Thiers, alors chef du Pouvoir exécutif, en proposa l'essai sous une image qui ne manquait pas de grandeur et de séduction. Il comparait la République, dont le nom seul était un épouvantail pour beaucoup, à ce redoutable *cap des Tempêtes*, au sud de l'Afrique, si fameux par tant de naufrages, et duquel, pendant longtemps, les vaisseaux n'osaient plus approcher. Mais un navigateur se rencontra, plus hardi et plus confiant que les autres. Imposant donc au terrible cap un nom de meilleur augure, celui de *Bonne-Espérance*, il osa tenter le passage : l'essai fut couronné de succès et le *cap des Tempêtes* est resté le *cap de Bonne-Espérance*. Et l'habile autant que spirituel vieillard concluait de la sorte : Osons, Messieurs, tenter un nouvel et loyal essai de la République ; ce qui était hier le *cap des Tempêtes* sera peut-être également demain le *cap de Bonne-Espérance*[1] !

Voilà douze ans passés que l'essai proposé se poursuit. Ceux qui avaient intérêt à en surveiller, à en diriger le fonctionnement, la marche, se sont trouvés

[1] M. Thiers a dit encore : « Tout gouvernement doit être conservateur, et nulle société ne pourrait vivre sous un gouvernement qui ne le serait pas. *La République sera conservatrice ou elle ne sera pas.* La France ne veut pas vivre dans de continuelles alarmes : elle veut pouvoir vivre en repos, afin de travailler pour se nourrir, pour faire face à ses immenses charges ; et si on ne lui laisse pas le calme dont elle a indispensablement besoin, quel que soit le gouvernement qui lui refusera ce calme, elle ne le souffrira pas longtemps ! Qu'on ne se fasse pas d'illusions ! (*Message de M. Thiers, président de la République à l'Assemblée nationale*, le 13 novemb. 1872).

non seulement maîtres, mais maîtres absolus de la France. Rien de ce qui peut faire réussir, ni la puissance, ni la richesse, ni le glaive, ni la parole, ni l'audace, ni les acclamations, ni le dévouement, ni l'abnégation d'un grand nombre ne leur a fait défaut. Eh bien! après douze années d'essai complet, ininterrompu; en présence d'une France fractionnée de partout, plus semblable, dans ses divisions, à un navire dont les ais se *décollent*[1] et se détachent qu'à un peuple de frères; en contemplant avec stupéfaction : « la religion expulsée de l'école; la croix arrachée des cimetières; les secours spirituels refusés aux soldats et aux malades; les religieux chassés et dispersés; les finances gaspillées; l'armée désorganisée; la magistrature réduite à la servilité; l'industrie insuffisamment protégée; l'agriculture appauvrie et sans appui; la propagande anarchique tolérée; les fonctionnaires chrétiens destitués ou disgraciés; en résumé, à l'intérieur, la France tyrannisée par l'esprit de faction; à l'extérieur, la France impuissante et abaissée[2]; » en présence d'un pareil spectacle, la main sur la conscience, peut-on dire que le *cap des Tempêtes* soit devenu le *cap de Bonne-Espérance*[3]?

[1] L'expression, on le sait, est de M. Gambetta.

[2] G. de La Tour, journal l'*Univers*, 20 octob. 1883.

[3] Ces autres paroles de M. Thiers ne se représentent-elles pas d'elles-mêmes à la mémoire : « Si la monarchie doit se relever dans le pays, elle n'aura qu'une raison à mon avis qui puisse faire taire le parti républicain, ce sera de pouvoir lui dire : « La République a été respectée pendant qu'elle existait ; l'essai en a été loyalement fait. » Et si l'essai ayant été loyalement fait et n'ayant pas réussi, les républicains veulent vous demander

Non, l'espérance est ailleurs! Elle est dans un retour national, nécessaire à l'antique principe qui, ayant fait la France, peut seul la refaire; elle est sur l'une de ces deux tombes indiquées, il y a quelques semaines, par M. le Président du Conseil, celle sur laquelle a été enté, dans un embrassement suprême et réciproque, *le rameau d'avenir*[1] *!*

Oui, c'est là que s'est réfugiée l'espérance! Car où subsiste le principe générateur de l'unité, là se trouve le renouvellement de la patrie française!

Rien n'est fort, en effet, dans l'histoire d'un peuple, comme le principe générateur qui en a été la source; rien n'est béni de Dieu comme la fidélité à s'y maintenir. La nation juive en a présenté un mémorable exemple. Chacun sait que, dans la succession illustre de ses rois, il s'en trouva un qui, fils dégénéré de David, eut à cœur, ce semble, de mériter le titre de honte et de bourreau de son peuple, tant il se montra à la fois impie et cruel.

encore la République, vous pourrez leur répondre au nom de la raison, au nom de l'expérience : « L'épreuve est faite ; la République est impossible! » (*Discours sur l'abrogation des lois d'exil et sur l'élection du prince de Joinville et du duc d'Aumale*, prononcé le 8 juin 1871 à l'Assemblée Nationale).

[1] M. Jules Ferry, président du Conseil, ne le pense pas. Voici ses paroles alors qu'il indiquait les deux tombes: « Le péril monarchique n'existe plus. Le péril monarchique est enterré sous deux tombes sur lesquelles ne refleurira jamais un rameau d'avenir » (*Discours prononcé au Havre,* le 15 octob. 1883). — En nous portant par principe vers la tombe surmontée du rameau d'avenir, nous ne pouvons nous défendre de saluer avec émotion et respect l'autre tombe, celle où repose, dans la paix du Seigneur, le jeune Prince frappé au champ d'honneur, à l'âge de vingt-trois ans, et après avoir, en tête de son testament, tracé ces lignes: « *Ma dernière pensée sera pour ma patrie. — C'est pour elle que j'aurais voulu mourir. — Si je dois vivre, que ce soit au milieu des meilleurs.* »

Ce fut Manassé, le Néron du peuple hébreu [1]. Or, il arriva que Dieu, prenant en pitié les gémissements des victimes, intervint par un de ces coups de justice qui retentissent dans l'histoire. Il livra le mauvais roi à Assurbanipal et à ses Assyriens. Ceux-ci l'ayant lié de deux chaînes l'emmenèrent captif à Babylone [2]. N'était-ce point le cas de mettre à profit un événement si opportun pour modifier le gouvernement hébraïque, ou bien changer la dynastie, tout au moins pour remplacer le roi impie, devenu captif, en proclamant son fils ? Rien de tout cela ne se fit. Fidèle au principe générateur de sa nationalité, le peuple hébreu ne se crut pas le droit d'en modifier l'essence : il se borna à établir un gouvernement provisoire [3]; et lorsque, après les longs mois d'une dure captivité passée dans les larmes et dans le repentir [4], Manassé, délivré par la même main divine qui l'avait précipité dans les fers, reparut à Jérusalem, son trône l'attendait intact, la fidélité de son peuple n'avait point changé [5] !

Mais Dieu qui, Lui non plus, ne change pas [6], prit

[1] « Manassé se rendit criminel aux yeux du Seigneur... Il jeta dans « l'égarement les habitants de la Judée et de Jérusalem. Et il leur fit « commettre plus de mal, que n'en avaient fait les nations que le Seigneur « avait exterminées à leur arrivée dans le pays... Manassé remplit de plus « toute la ville de Jérusalem, d'un bout à l'autre, de ruisseaux de sang « qu'il répandit contre toute justice. » (IV, *Rois*, XXI, 2, 3, 16).

[2] II. *Paralip.*, XXXIII, 11.

[3] *Judith.*, IV, 5, 7.

[4] II *Paralip.*, XXXIII, 12.

[5] *Ibid.*, 13. — Manassé, arrivé au trône l'an 698 av. J.-C., régna cinquante-cinq ans. Il fut emmené captif en 647, et mourut à Jérusalem en 643.

[6] *Ego enim Dominus, et non mutor :* Je suis le Seigneur et je ne change pas ! *(Malach.*, III, 6).

plaisir à récompenser magnifiquement une si admirable fidélité. Il le fit par deux évènements tout particulièrement providentiels. Le premier fut l'apparition de Judith, l'une des héroïnes juives. Déjà maîtres du roi, les Assyriens s'étaient flattés de se rendre incontinent maîtres du royaume. Ce fut alors que Judith, suscitée de Dieu, leur barra le passage [1]. — Le second fait, non moins providentiel, fut l'avènement de Josias au trône de David. Petit-fils et second successeur de Manassé, Josias a été sans contredit l'un des meilleurs rois de Juda, une de ses gloires les plus pures, celui enfin dont l'Écriture a fait ce bel éloge : « *La mémoire de Josias est comme un parfum de suave odeur; son souvenir est doux comme le miel à la bouche, et comme la musique durant un festin. Il fut destiné de Dieu à porter la nation à la pénitence, et il fit disparaître les abominations de l'impiété. Il dirigea son cœur vers le Seigneur, et, dans un temps de péché, il affermit sa piété. A l'exception de David, d'Ézéchias et de Josias, tous les autres rois de Juda ont commis le péché* [2]. »

[1] « On peut placer avec vraisemblance sous le règne d'Assurbanipal, pendant la captivité de Manassé à Babylone, l'expédition d'Holopherne contre la Palestine et l'histoire de Judith. C'est la date qu'assigne à ces événements l'étude comparée du livre même de Judith et des documents cunéiformes.... Lorsque le général assyrien envahit la Palestine, il n'y a point de roi à Jérusalem. Dans la période (royale)..., le peuple de Dieu s'est trouvé un seul moment sans roi, c'est pendant que Manassé était retenu prisonnier à Babylone. C'est donc pendant la captivité de ce prince que Béthulie a dû être assiégée. » (Vigouroux, *Bible et découv. moder.*, t. IV, p. 254; 255). — Voir aussi le mémoire lu, en 1875, à l'Institut devant l'Académie des Inscriptions et Belles-Lettres, et intitulé : *Deux questions de chronologie et d'histoire éclaircies par les Annales d'Assurbanipal.* L'auteur de ce remarquable mémoire est M. Robiou, professeur d'histoire à la Faculté de Rennes.

[2] *Ecclésiastiq.*, XLIX, 1-5.

Voilà ce que peut, en faveur de l'unité, et pour le bonheur d'un peuple, la fidélité *au principe générateur* de son existence !

Persévérance dans la prière,

Embrassement de la pénitence,

Retour à l'unité,

Telles sont, d'après la Bible et dans le domaine de l'ordre moral, les trois conditions indiquées de Dieu pour la guérison des nations.

C'est donc en les accomplissant et en les adjoignant à ses titres, à ses services des temps passés, titres et services toujours présents devant Dieu, que la France arrivera à fléchir la justice vengeresse et à rendre, de simplement possible, sa guérison moralement certaine.

Et, si la guérison s'opère, on verra reparaître, avec le retour aux croyances religieuses : le respect de tous les droits, l'épanouissement de l'honneur, la pratique d'une vraie liberté, la noble ambition de la gloire, la protection des faibles, la sécurité du commerce, l'élan de la prospérité, la recherche de notre alliance, en un mot tout ce qui a contribué à faire de la France, durant des siècles enviés à cette heure, *le plus beau royaume après celui du ciel !*

CONCLUSION

LES CONDITIONS DONT DÉPEND LA GUÉRISON DE LA FRANCE SERONT-ELLES ACCOMPLIES ?

En sera-t-il ainsi?

La France guérira-t-elle effectivement ?

Après avoir péché comme Ninive, ses habitants mériteront-ils qu'il soit écrit d'eux, ainsi qu'il le fut des Ninivites : *Dieu considéra leurs œuvres, il vit qu'ils s'étaient convertis en quittant leur voie mauvaise; et la compassion qu'il eut d'eux l'empêcha de leur envoyer les maux qu'il avait résolu de leur faire*[1].

Encore une fois, en sera-t-il ainsi des Français?

Nous osons presque répondre affirmativement, basant cette affirmation sur deux faits, l'un passé et déjà

[1] *Jonas*, III, 10.

ancien, l'autre en voie de se poursuivre depuis plus de vingt ans.

Mais, avant de rapporter ces faits, il importe que, rappelant le but de cet écrit, nous en résumions les développements :

C'est à l'occasion d'une double tendance, l'une et l'autre à notre sens également funestes, que ce travail a été entrepris.

A la première de ces tendances, celle qui estime que la France est perdue, les nations arrivées à un certain degré de l'abîme étant jugées impuissantes à en sortir, nous avons répondu que les nations, pas plus que les individus, ne sont fatalement vouées à la mort, et conséquemment que la France reste guérissable.

A la seconde tendance, diamétralement opposée à la première, puisqu'elle estime que la France n'a pas à redouter de disparaître, ses titres et son passé lui assurant devant Dieu une guérison certaine, nous avons démontré que des titres et un passé, si méritoires soient-ils, ne sauraient assurer l'avenir d'une manière absolue; et que la guérison de la France, en soi simplement possible, ne pouvait devenir moralement certaine que par l'accomplissement des conditions indiquées de Dieu pour la guérison des nations.

Eh bien! ces conditions à l'accomplissement desquelles se trouvent ramenés, en définitive, sa guérison, son avenir, en un mot, son existence, la France les accomplira-t-elle?

La prière nationale deviendra-t-elle plus fervente?

La pénitence se généralisera-t-elle?

Reviendrons-nous à l'unité?

Oui, avons-nous répondu.

Et voici maintenant les deux faits qui motivent notre espérance :

C'était en 1721. Le chevalier de Fougères, commandant le *Triton*, « était allé prendre possession, au nom de la France, de cette île si belle de l'Atlantique, qu'on a longtemps appelée l'île de France, et qu'il faut hélas! maintenant appeler l'île Maurice. » Descendu sur la plage, le brave commandant déploya le drapeau national; mais, en même temps qu'il le plantait, il érigea à ses côtés et comme à son ombre, une grande croix de bois; puis, au bas de cette croix, il grava l'inscription suivante :

Jubet hic Gallia stare crucem.

La France ordonne que la croix règne ici[1].

Le second fait est celui-ci :

A la partie est de la France, presque à ses confins, dans ce beau pays du Valromey connu et aimé de saint Francois de Sales, vit encore un vieux prêtre, curé dans la même paroisse depuis plus de cinquante ans. En un lieu culminant de cette paroisse, d'où le regard ravi embrasse les forêts noirâtres de la Grande-Chartreuse et les cîmes neigeuses des Alpes, a été élevée par les soins du vieux prêtre et avec le concours de tous, sous le

[1] Xavier Marmier, de l'Académie française: *La France dans ses colonies* (Discours lu à la séance trimestrielle de l'Institut du 8 janvier 1873).

touchant vocable de *Notre-Dame-du-Peuple*, une statue de la Vierge. Dans l'attitude de la supplication, cette statue, d'une beauté remarquable, a les yeux levés au ciel; une de ses mains indique la foule, l'autre est placée sur son cœur; et, au bas, se lit cette inscription, gravée par le vieux prêtre, confident des prières de la Vierge :

Mon Fils, je vous recommande le peuple!

Il y a vingt ans que la pierre qui la porte, prononce elle-même cette prière. Les pauvres habitants du village sont fidèles à la redire; et quand les ombres descendent sur leurs fatigues, deux lampes allumées, et à l'entretien desquelles tous contribuent, ont la mission de continuer pendant la nuit les supplications unies à celles de la Vierge durant le jour.

De ces deux faits, le premier, l'acte du chevalier, ne résume-t il pas tout le passé de la France? Sur toutes les plages et durant quatorze siècles, la France n'a-t-elle pas, en effet, planté, fait respecter et défendu la Croix?

Le second, l'acte du vieux curé et de son pauvre village, n'est-il pas aussi, dans la défection présente, l'expression de la France restée fidèle à Dieu et à cause de cela persécutée? Tandis qu'on ne discontinuait pas de la représenter comme l'ennemie du peuple, comme opposée à ses intérêts, à son développement, à ses lumières, à son bien-être; pieusement agenouillée dans sa douleur et son patriotisme, cette partie de la France, depuis quatorze ans, n'a cessé de prier Dieu en faveur des foyers et des autels.

Mais sa prière n'aura pas été vaine!

Car c'est là notre ferme espérance et la conclusion de cet écrit :

Oui le peuple, le cher peuple de France, éclairé enfin sur ses véritables amis et ses vrais intérêts, se portera un jour, bientôt peut-être, avec élan, avec enthousiasme, à l'accomplissement des conditions qui guérissent et sauvent les nations!

Oui, le cher peuple de France poussera vers Dieu le cri émouvant d'une grande prière, il se frappera la poitrine en signe de pénitence, il reviendra, pour ne s'en plus séparer, à l'antique principe de son unité première !

Le peuple de France fera tout cela et davantage encore.

Parce que Celle que ses pères ont proclamée Reine, la Vierge, Mère du Christ, aura, mieux que Moïse, triomphé de la justice de Dieu.

Mon Fils, je vous recommande le peuple!

Ce cri tout puissant de son amour aura ramené le peuple, aura désarmé Dieu!

Et lorsque le peuple, ainsi guéri et sauvé, sera rentré en possession de lui-même, en possession de son passé et de son avenir, le premier de ses *gestes*, calqué sur ceux d'autrefois, sera de relever chez lui et ailleurs, de relever la Croix de Jésus-Christ, la Croix une fois de plus triomphante; et au pied de cette Croix, source de toutes les libertés, en même temps que symbole de tous les devoirs, le vieux peuple de France, de la pointe de sa généreuse épée, gravera de nouveau l'inscription du grand siècle :

Jubet hic Gallia stare crucem.
La France ordonne que la Croix règne ici.

SUPPLÉMENT

I

SENTIMENTS ET CONDUITE DE L'ÉGLISE ROMAINE A L'ÉGARD DE LA FRANCE MALHEUREUSE

Plusieurs faits relatés dans les pages qui précèdent, auraient demandé plus de développements. Nous avons dû les écarter, afin de ne point embrouiller la trame des propositions qu'il s'agissait d'établir.

Les propositions étant établies et prouvées, nous allons maintenant donner ces éclaircissements.

Le premier fait sur lequel il importe de faire la lumière, c'est le danger auquel a échappé la France lors de la démarche de l'archevêque de Posen, Mgr Ledochowski, auprès de l'Empereur d'Allemagne, alors à Versailles.

On se rappelle notre récit : L'archevêque est seul en scène; il arrive à Versailles, porteur d'un plan personnel qui est un danger pour la France, puisqu'il ne s'agit de rien moins que de substituer l'Allemagne à la France dans la défense de l'Église et du Saint-Siège.

Or, voici qu'il a paru récemment à Leipzig une brochure d'une importance capitale, en raison de la position exceptionnelle de son auteur. Elle va nous servir à établir combien clairvoyante et juste a été l'appréciation du Cardinal Capalti sur le danger qui alors a menacé la mission et, partant, l'existence de la France ; et combien, en ces circonstances, ont été délicats, à l'égard de notre pays, les procédés du Pape et de l'Église romaine.

Laissons parler l'auteur :

« Le 8 novembre 1870, vers l'heure du déjeûner, se présenta à Versailles chez le prince de Bismarck, un personnage déjà un peu âgé ; il portait un vêtement de soie, une calotte rouge et une écharpe de même couleur. C'était l'archevêque de Posen, Ledochowski. On prétendait qu'il s'agissait d'une offre d'intervention de la part du Pape auprès du gouvernement français, relativement à l'Allemagne... L'Archevêque séjourna environ trois heures ; et après qu'il se fût retiré, le prince de Bismarck se rendit immédiatement chez le roi de Prusse.

« En réalité, il ne s'agissait nullement d'une démarche auprès du gouvernement Français. Car qu'aurait

[1] Bismarck nach dem Kriege, *Bismarck après la guerre*, Leipzig, 1883. L'ouvrage est en allemand et sans nom d'auteur. Mais il est attribué à M. Hahn, conseiller intime à la Cour impériale. M. H. Hahn est particulièrement apprécié de l'Empereur d'Allemagne. Il vient d'éditer un nouvel écrit qui obtient grande vogue actuellement : *l'Armée et la patrie.*

pu le Saint-Siège auprès de Jules Favre et de Rochefort? C'est par une autre voie que le Saint-Siège a tenté de rétablir la paix. Bismarck lui-même l'a fait connaître en ces termes : « *Nous avons constaté qu'en France l'ecclésiastique fait passer sa qualité de Français avant celle d'ecclésiastique. Il nous a été donné d'en avoir un exemple très éclatant durant les négociations pour la paix, alors que S. S. le Pape recommanda expressément aux évêques français, par l'organe d'un évêque que je pourrais désigner, d'agir dans le sens de la paix. Si monarchique que soit présentement l'organisation de l'Église, le Pape cependant ne fut pas écouté. Le patriote français l'emporta sur l'ecclésiastique français, jusque dans les personnes les plus identifiées à la religion. Même phénomène se rencontre en Espagne et ailleurs ; mais il n'en est pas ainsi en Allemagne* [1]. » D'après cela, il est douteux que l'archevêque de Posen soit venu à Versailles en vue d'une intervention papale en faveur de la paix.

« Voici ce qui paraît beaucoup plus vraisemblable : Ledochowski, déjà avant l'année 1870, était *personne très en faveur* à la cour de Berlin, *persona gratis-*

[1] Nous ne saurions accepter cet éloge de M. de Bismarck. Chez l'ecclésiastique français, l'amour de la religion marche de pair avec celui de la patrie. Toutefois il est curieux de constater que tandis qu'en France, des Français ennemis de la religion osaient dire : *Le cléricalisme, voilà l'ennemi!* des Allemands, nos adversaires, étaient contraints d'avouer que le sentiment de la patrie est tellement développé dans l'âme d'un clérical qu'il va jusqu'à l'emporter sur celui de la religion. C'est ainsi que tôt ou tard justice est faite des outrages L'homme calomnie, mais le temps venge.

sima... C'est ce voyage de Ledochowoski à Versailles et sa supplique en faveur du rétablissement du Pouvoir temporel du Pape par les armes allemandes qui lui attirèrent les bonnes grâces de Pie IX et lui valurent la dignité de Cardinal [1].

« Le Nonce du Pape, Chigi, arriva à Versailles; il eut également un long entretien avec le prince de Bismarck; après quoi il se rendit à Tours. — On attendait même, en décembre, un personnage d'un rang encore plus élevé : « *Qu'à la fin Antonelli, lui-même, se mette en route pour venir ici, c'est ce qui paraîtra peu clair à plus d'un* », disait le prince de Bismarck.

« Au Vatican, on a longtemps supposé chez le prince de Bismarck une propension accentuée en faveur du Pouvoir temporel et, par contre, une profonde antipathie à l'égard de l'Italie, née de la Révolution et gouvernée démocratiquement. Bismarck s'est ouvert sur ce dernier point dans une occasion plus récente : « *Il ne s'est peut-être pas présenté un moment plus favorable pour une entente avec le Siège Romain que celui de la fin de la guerre avec la France. On a avancé, à ce sujet, des faussetés qui résultent d'une ignorance complète des choses. Il est notoire à quiconque s'est trouvé avec nous en France, que nos relations précédemment bonnes avec l'Italie ont été, pendant tout le temps de la guerre, sinon troublées,*

[1] La dignité cardinalice a été conférée par Pie IX à l'archevêque de Posen uniquement comme récompense de ses luttes, de son énergie et de ses souffrances, occasionnées par le revirement de politique chez le prince de Bismarck.

du moins sous l'influence d'un dissentiment, lequel a persisté jusqu'à la conclusion de la paix. Ça a été un phénomène surprenant, qu'en Italie la prédilection pour la France l'ait emporté sur la considération des intérêts du pays. Ces intérêts demandaient qu'en s'alliant avec nous, l'Italie conquît sur le champ de bataille son indépendance vis-à-vis de la France. A nous seuls nous avons réussi; mais il est de fait que nous nous sommes trouvés en présence de troupes italiennes commandées par Garibaldi, qu'on aurait pu retenir dans leur foyers. Un désaccord heureusement et complètement aplani se manifesta entre l'Allemagne et l'Italie. Nous étions fort éloignés de faire quoi que ce fût pour l'amour de l'Italie[1]..... »

Tel est, relativement à la démarche de l'archevêque de Posen, le récit de M. Hahn.

A travers des réticences et des contradictions que nous allons faire ressortir, un fait capital se dégage, c'est la visite de Mgr Ledochowski, dans le sens indiqué par le Cardinal Capalti, c'est-à-dire avec l'intention formelle de substituer l'Allemagne à la France dans la mission de *défenseur du Saint-Siège*.

Seulement, cette fois, l'archevêque de Posen n'apparaît plus seul. On s'efforce de lui donner deux auxiliaires, l'un, le Nonce du Pape, S. Ex. Mgr Chigi, qui survient à Versailles; l'autre, S. Em. le cardinal Antonelli, qui pourrait bien y arriver.

Or, c'est là un double outrage que l'auteur de la

[1] *Bismarck après la guerre*, p. 12-14.

brochure *Bismarck après la guerre*, se permet à l'égard de deux hauts personnages de l'Église Romaine et qu'il importe de relever.

Mgr Chigi était alors Nonce Apostolique, accrédité auprès du Gouvernement Français. S'il se rendit à Versailles, dans le temps où l'archevêque de Posen y faisait sa démarche, ce ne fut point à cause de ce dernier et afin de lui prêter main-forte, comme le laisse supposer M. Hahn, mais uniquement pour développer dans l'âme du vainqueur des sentiments de générosité dus aux malheurs d'une nation telle que la France. Se comporter autrement et agir dans le sens de l'archevêque de Posen, c'eût été, de la part du Nonce du Pape, travailler à l'abaissement, à la déchéance de la nation qu'il avait mission de maintenir dans ses antiques et étroits rapports d'union avec le Saint-Siège. Or, c'est une pareille faute que M. Hahn fait planer sur la vénérable personne de Mgr Chigi, en évitant de définir le but de son voyage à Versailles.

L'outrage n'est pas moindre à l'égard du Cardinal Antonelli. En effet, on suppose, et cela gratuitement, sans aucune preuve, que Son Éminence pourrait bien venir à Versailles : *On attendait même en décembre un personnage d'un rang encore plus élevé* ; et on se garde bien d'ajouter que ce personnage n'est pas venu. Mais, par contre, pour bien mettre en saillie la prétendue indifférence du prince de Bismarck, on a soin de lui prêter ce langage : *Qu'à la fin Antonelli lui-même se mette en route, pour venir ici, c'est ce qui paraîtra peu clair à plus d'un.* Eh bien ! ceux qui n'y voyaient pas clair, qui doutaient, s'il y en a jamais eu, avaient raison. Antonelli a certainement commis plus d'une faute ; mais l'indélicatesse de profiter des malheurs de la France pour lui enlever, afin de la confier à l'Allemagne, la défense du Saint-Siège, Antonelli ne l'a pas commise !

Voici la vérité :

M. de Bismarck, loin de repousser la démarche de l'archevêque de Posen, fut, au contraire, séduit par ce qu'elle lui découvrait d'avantageux. Il n'y eut en lui, à ce moment, pas plus qu'auparavant, ni sympathie pour la vérité catholique, ni dévouement pour le Saint-Siège ; mais, en homme d'État profondément habile, il entrevit tout de suite deux immenses résultats que l'acte politique suggéré par Mgr Ledochowski, allait lui permettre d'atteindre.

Le premier résultat devait être un accroissement aussi subit qu'énorme de solidité, de lustre, de puissance chez le nouvel et jeune empire d'Allemagne. D'un coup, il allait rallier en sa faveur toutes les sympathies perdues par la France, depuis l'abandon de Rome et du Saint-Siège, auprès des catholiques du monde entier.

Le second résultat, poursuivi encore à cette heure d'une manière mathématique, était l'abaissement définitif de la France. Effacer à peu de chose près la nation française de la carte d'Europe, mais seulement après l'avoir préalablement déconsidérée et dégradée, telle est, il n'est plus permis d'en douter, la mission que s'est donnée le Prince de fer. C'est pour y arriver que, plus maître qu'on ne le suppose communément dans le fonctionnement intérieur de nos institutions nationales, il manœuvre de manière à nous déconsidérer progressivement au dehors. Puis, quand il sera bien avéré que la nation française est devenue un foyer incorrigible d'idées subversives et de passions mauvaises, qu'elle constitue une menace perpétuelle pour le repos de l'Europe et le développement des peuples, alors, au nom de l'intérêt de tous, il proposera l'amoindrissement, le démembrement ; et l'Europe lui passera un blanc-seing.

Toutefois un obstacle pour ainsi dire insurmontable s'oppose, le Chancelier le sait bien, à la déconsidération de la France ; c'est son rôle séculaire à Rome et devant le monde de *protectrice du Saint-Siège.* Tant que ce rôle ne sera pas effacé, les noms de Chrétien et de Français resteront synonymes dans beaucoup de pays.

Entreprendre donc d'abaisser adroitement la France, et y parvenir en se substituant politiquement à elle dans une défense provisoire du Saint-Siège, voilà ce que M. de Bismarck entrevit avec son coup d'œil de grand homme de proie, dans la conversation qu'il échangea avec l'archevêque de Posen.

Nous en avons une preuve indirecte dans cet aveu qui lui est échappé plus tard : *Il ne s'est peut-être pas présenté un moment plus favorable pour une entente avec le Siège romain que celui de la fin de la guerre avec la France.* Quel est ce moment, à la fin de la guerre avec la France ? Celui où l'empereur Guillaume était à Versailles. — De quelle entente pouvait-il s'agir alors avec le Saint-Siège? Uniquement, du rétablissement du Pouvoir temporel, puisque la lutte du *Kulturkampf* n'existait pas encore, n'était pas même prévue.

Autre preuve, fournie également par l'écrit de M. Hahn :

Deux mois après la démarche de l'archevêque de Posen, « en février 1871, l'Empereur reçut une adresse que les Chevaliers de Malte et beaucoup d'autres nobles avaient envoyée à Sa Majesté, à Versailles, pour obtenir une intervention en faveur du Saint-Père [1]. »

On le voit, c'est l'idée de l'archevèque de Posen qui a pris corps; c'est sa démarche, favorablement acueillie, qui s'est agrandie.

Or, que répondit l'Empereur Guillaume?

« L'Empereur reçut avec beaucoup de grâce le duc de Ratibor et le baron de Schorlemer; ce dernier présenta l'adresse de la société Rhénano-Westphalienne des chevaliers de Malte, et l'Empereur répondit à ces messieurs : *Que ses sentiments pour le Pape, comme chef suprême de ses sujets catholiques, n'avaient pas changé; qu'il regardait l'occupation de Rome par les Italiens, comme un acte de violence, et qu'il ne manquerait pas, une fois la guerre finie, de la prendre, de concert avec d'autres princes, en considération* [2]. »

Il n'y a pas à en douter, le plan suggéré par l'ar-

[1] *Ouvr. cit.*, p. 14.
[2] *Ouvr. cit.*, p. 14.

chevêque de Posen avait été accueilli avec une particulière faveur; on avait compris qu'il entraînerait l'abaissement définitif de la France, la grande puissance morale des fils de Clovis devant s'écrouler avec leur dépossession de défenseurs du Saint-Siège.

Qui donc mit obstacle à la réussite de ce plan, plus redoutable peut-être que la stratégie pourtant si supérieure du maréchal de Molkte?

Uniquement le refus plein de dignité de la part du Saint-Siège. Rome déclina avec politesse les avances et le concours de l'Allemagne; elle demeura fidèle aux traditions de quatorze siècles et à sa vieille prédilection pour la France.

Les suppositions de M. Hahn à l'égard du cardinal Antonelli, ses réticences à l'égard de Mgr Chigi, les contradictions qu'il commet sans s'en apercevoir, tout cela n'est que ruses de guerre afin d'embrouiller l'histoire et faire croire que les démarches pour le rétablissement du Pouvoir temporel sous l'égide de l'Allemagne vinrent, non pas de l'Allemagne elle-même, mais de Rome.

Or, voici la conclusion :

Lorsque le terrible Chancelier eut acquis la certitude que la Cour de Rome, guidée par la délicatesse, n'était pas disposée à entrer dans les vues allemandes, et qu'elle ne consentirait point à déposséder elle-même la France de sa dignité séculaire de *défenseur de l'Église et du Saint-Siège;* alors, changeant de tactique, il fit deux choses :

D'abord, aux demandes réitérées du parti catholique allemand qui, mis en branle par les bonnes dispositions du gouvernement, le pressait de les réaliser en rétablissant par voie diplomatique le Pouvoir temporel, Bismarck fit brusquement cette Déclaration de principes, expédiée officieusement à toutes les chancelleries de l'Europe.

« Sous le rapport politique, l'empire de 1871 est une création complètement nouvelle. On tomberait dans une grave erreur si l'on voulait regarder notre empire national du 18 janvier 1871, comme une continuation de l'empire romain enterré le 6 août 1806. Sous un double rapport, le nouvel empire doit se dire très résolument dégagé de toutes les traditions de l'ancien : Il n'a rien à faire avec les tendances hiérarchico-théocratiques, rien avec les tendances cosmopolites. C'est un Etat temporel et national. On peut rêver peut-être à Rome que l'ancien office de défenseur du Siège romain pourra revivre dans ce nouvel empire : le nouvel Empereur ne connaît pas du tout de tels devoirs. Tout ce qui rappelle l'empire romain, toute immixtion dans les affaires d'Italie est écarté jusqu'à la dernière trace, comme la plus malheureuse réminiscence de notre passé, du pur blason de notre nouvel empire. L'Allemagne aux Allemands, l'Italie aux Italiens, voilà le mot de paix qui réconciliera pour toujours ces deux anciennes nations civilisées. Pour les nouveaux Allemands, il ne peut y avoir, comme expédition romaine, que celle du chercheur et de l'ami de l'art, lequel aspire à se désaltérer à l'éternelle jeune source de la classique beauté des formes, aux immortels chefs-d'œuvre de l'art italien. L'Allemand ainsi conquérant à la façon de Goëthe et de

Vinkelmann, l'Italie rajeunie l'acceptera certainement toujours volontiers[1]... »

Telle fut la première réponse du Chancelier aux sympathies françaises de la Cour de Rome. On en conviendra : rapprochée des documents qui précèdent, cette fameuse Déclaration, avec son emphase teutonique, n'était, au fond, qu'un amoncellement calculé de brouillards de la Baltique, pour dissimuler à la fois une défaite et une mauvaise humeur.

La seconde réponse devait être plus cruelle; elle fut l'invention et l'application du *kulturkampf*. M. de Bismarck l'inaugura en personne par un article de la *Gazette de la Croix*, dont l'épreuve, corrigée de sa main, existe encore et est conservée, dit-on, comme un monument. Nous n'avons pas à faire l'histoire de cette seconde réponse; elle est connue. Mais plus tard, dans la suite des âges, lorsqu'un interrogateur exprimera le désir d'entendre une définition exacte, complète, de ce mot étrange de *kulturkampf (combat pour la civilisation)*, avec lequel a débuté la persécution religieuse contre les catholiques allemands, on devra répondre : « Le *kulturkampf*, à son origine, ce sont les représailles du prince de Bismarck qui, n'ayant pu amener le Pape et le Saint-Siège à prêter la main à l'abaissement et à l'effacement de la France, s'en est vengé en persécutant à outrance les catholiques allemands, à défaut du Pape et du Saint-Siège qu'il ne pouvait atteindre. »

Voilà, ce nous semble, la vérité sur la démarche à

[1] *Bismarck après la guerre*, p. 23.

Versailles de Mgr Ledochowski, archevêque de Posen, et sur les conséquences qu'elle entraîna [1].

[1] Une difficulté peut se présenter à l'esprit, celle ci : Comment concilier que M. de Bismarck ait réellement admis les idées de l'archevêque de Posen, et soit ensuite devenu son plus ardent ennemi ?

Rép. — De la même manière qu'on concilie, chez le même prince, son empressement à accepter et à exalter, durant la guerre de France, les services des catholiques allemands, quitte, au lendemain de la victoire, à devenir leur persécuteur. Voici, à ce sujet, une citation et quelques réflexions qui achèveront d'éclairer le lecteur : « Ce fut un étonnement, j'allais dire une stupeur universelle, lorsque, au lendemain des victoires de la Prusse, on vit les catholiques qui, pendant la guerre, avaient marché avec un si entier, j'oserais dire un si aveugle dévoûment, derrière les drapeaux de Guillaume, tout d'un coup dénoncés, menacés, puis frappés en moins de temps qu'il n'en avait fallu aux de Moltke et aux de Roon pour venir à bout des armées surprises de la France. Grand nombre d'entre eux, prêtres, religieux, religieuses, décorés, la veille même, de croix, de récompenses honorifiques pour l'assistance héroïque qu'ils avaient prodiguée pendant la guerre, indifféremment aux protestants et aux catholiques, un an après, avec ces mêmes insignes de distinction, étaient brutalement expulsés des frontières de l'empire. Pourquoi ces mauvais traitements ? pourquoi cette ingratitude inouïe ? Les catholiques avaient-ils comploté secrètement, avaient-ils fait entendre même une parole de défiance contre les projets de la Prusse ?... » (Le *Correspondant*, 25 novem. 1878.) — Non, mais Rome l'avait fait entendre ; et M. de Bismarck, comprenant qu'il ne pouvait se servir du Pape et du Saint-Siège pour abaisser la France, changeait brusquement de tactique, donnait la main à l'Italie et à la Révolution, et n'hésitait pas à se faire le persécuteur de ses concitoyens, des catholiques allemands, qui, au prix de leur sang, avaient contribué à ses victoires. — Nul ne sacrifie les hommes avec plus d'aisance que le prince de Bismarck. Il est en politique et comme pilote de l'État allemand, l'opposé le plus tranché de ce qu'étaient les nautoniers chargés de sacrifier le prophète Jonas et de le précipiter, d'après les indications formelles de Dieu, au plus profond de la mer. « *Seigneur*, s'écriaient les nautoniers en hésitant et en se faisant violence, *ne nous imputez pas la perte de cet homme ; si nous agissons ainsi, c'est parce que vous le voulez.* » Le prince de Bismarck, lui, n'est pas si scrupuleux, il n'hésite pas. C'est sans délai qu'il a jeté à la mer l'archevêque de Posen, ami de son Empereur, les religieux et les prêtres, tous les catholiques allemands. Nous ne voudrions même point parier qu'en ce moment il ne soit en train de reprendre les idées, le plan de l'archevêque de Posen. La visite que vient d'accomplir auprès de Léon XIII le Prince impérial d'Allemagne n'a certainement pas eu pour objectif un simple échange de politesse. Si le souple Chancelier découvre qu'il y ait moyen de déposséder la France

En même temps qu'elle a mis en lumière la bonté de Dieu, qui n'a point permis que le danger médité contre la mission de la France s'accomplît; cette démarche a, d'autre part, fait ressortir d'une manière touchante les tendresses et la reconnaissance de l'Église Romaine à l'égard de la *Fille aînée*. Un mot de Pie IX, et l'Allemagne eut, non par amour mais par politique, relevé son trône temporel. Mais ce mot, la Papauté ne l'a point prononcé; parce que son trône, le Saint-Siège le doit à la France; et que si, un jour, il doit être relevé, c'est par le bras de la France, il faut l'espérer, qu'il le sera!

Toutes ces choses sont peu connues. Elles ont échappé à la plupart de nos contemporains, obscurcies qu'elles étaient par la fumée des batailles et la poussière de nos bouleversements. Il importait cependant de les dégager et de les fixer pour l'histoire. Ces sentiments et cette conduite de l'Église Romaine font trop d'honneur à celle qui fut la France vaincue et malheureuse, pour que nos neveux et arrière-petits-neveux n'apprennent pas à les connaître. Mais à décrire certains actes de sublime délicatesse, le langage humain se sent impuissant. Nous reconnaissons humblement que tel a été le nôtre. Aussi nous a-t-il semblé qu'une page biblique, d'une tendresse à part, retracerait et exprimerait mieux que nous ne l'avons su faire, ces sentiments et cette

auprès du Saint-Siège, et de se substituer à elle, en l'abaissant ainsi définitivement, l'Italie, demain, sera sacrifiée; et, comme l'Autriche après la guerre du Sleswig-Holstein, comme les catholiques allemands après la guerre de France, sera, à son tour, jetée à la mer.

conduite de l'Église Romaine; c'est la page, belle entre toutes, où Jérusalem, figure de l'Église, console et soutient ses fils tombés dans le malheur, en partageant leurs peines et en leur annonçant des jours meilleurs :

Prends courage, peuple de Dieu, Israël toujours présent à son esprit.

Vous avez été vendus aux nations, mais non pour périr ; mais, parce que vous avez irrité contre vous la colère de Dieu, vous avez été livrés à vos ennemis.

Vous avez, en effet, provoqué Celui qui vous a créés, le Dieu éternel, en sacrifiant aux démons et non à Dieu.

Vous avez oublié le Dieu qui vous a nourris, et vous avez affligé Jérusalem, votre nourricière.

Elle a vu venir sur vous la colère de Dieu et elle a dit : Écoutez, enfants de Sion, car Dieu m'a envoyé un grand deuil.

Je vois la captivité de mon peuple, de mes fils et de mes filles, celle dont l'Éternel les a frappés.

Je les avais nourris dans la joie et je les ai laissés partir dans les larmes et dans le deuil.

Que nul ne se réjouisse de me voir ainsi veuve et désolée. J'ai été abandonnée à cause des péchés de mes fils, parce qu'ils se sont détournés de la loi de Dieu.

Ils n'ont pas connu ses commandements. Ils n'ont pas marché dans les voies des préceptes de Dieu, et ils ne sont pas entrés avec justice dans les sentiers de la vérité.

Qu'ils viennent, les voisins de Sion, et qu'ils se souviennent de la captivité de mes fils et de mes filles, que l'Éternel a amenée sur eux.

Car il a amené contre eux une nation lointaine, une nation cruelle et d'une langue inconnue.

Ils n'avaient ni respect pour les vieillards, ni compassion pour les petits enfants ; ils ont emmené les bien-aimés de la veuve ; et après lui avoir ravi ses enfants, ils l'ont laissée seule.

Mais moi, en quoi puis-je vous secourir ?

Car Celui qui a fait venir ces maux sur vous, c'est Lui qui vous délivrera des mains de vos ennemis.

Marchez, mes fils, marchez ; pour moi, je demeure seule.

J'ai quitté la robe des jours heureux, je me suis revêtue du cilice de la prière, et je crierai au Très-Haut tous les jours de ma vie.

Courage, mes fils, criez au Seigneur, et il vous arrachera de la main des princes ennemis.

Car j'espèrerai éternellement votre salut ; et la joie me vient du Dieu saint, à la vue de la miséricorde que notre éternel Sauveur vous enverra.

Je vous ai laissés partir dans la désolation et dans les pleurs ; mais le Seigneur vous ramènera à moi avec joie et allégresse pour toujours.

Car, comme les voisins de Sion ont vu la captivité que Dieu vous avait envoyée, ainsi ils verront bientôt le salut qui vous viendra de Dieu, qui vous comblera d'un grand honneur et d'une éternelle splendeur.

Mes fils, supportez patiemment la colère qui est

tombée sur vous. Votre ennemi vous a persécutés ; mais bientôt vous verrez sa ruine et vous foulerez sa tête aux pieds.

Mes plus tendres enfants ont passé par d'âpres chemins; ils ont été emmenés comme un troupeau ravagé par les ennemis.

Courage, mes fils, criez au Seigneur ; car Celui qui vous a conduits se souviendra de vous.

Comme vos pensées vous ont fait errer loin de Dieu; en revenant de nouveau à lui, vous le chercherez avec dix fois plus d'ardeur.

Car Celui qui a amené ces maux sur vous, vous accordera lui-même une éternelle joie en vous sauvant.

Courage, Jérusalem, Celui-là même t'encourage qui t'a donné ton nom[1] !

[1] Baruch, IV, 5-20, *la sainte Bible,* Paris, Lethielleux, 1878.

II

PRÉVISIONS DE PIE IX SUR L'AVENIR DE LA FILLE AÎNÉE DE L'ÉGLISE

Nous avons été amené, dans le cours de cet écrit, à rappeler la tendre parole de Pie IX, à l'occasion des prières ordonnées en 1871 par l'Assemblée Nationale : *Maintenant, mon Dieu, vous aurez pitié de ma chère France !*

Cette exclamation du doux et saint Pontife provoque certaines réflexions, qui ne seront peut-être pas inutiles dans les circonstances présentes.

On a souvent prêté à Pie IX des annonces prophétiques qu'il n'a jamais émises. Ainsi, que ne lui a-t-on pas fait dire relativement au triomphe de l'Église ? « *Il a annoncé*, affirmait-on, *qu'il verrait ce triomphe de ses yeux, de ses propres yeux.* » Et on se hâtait de conclure : *Donc ce triomphe est prochain, et même très prochain.*

Or, jamais Pie IX n'avait avancé semblable chose. Il nous a été donné d'entendre à ce sujet deux personnages, qui, en raison de leurs fonctions auprès de Pie IX, ont été successivement témoins des audiences qu'il a données, et auditeurs des discours qu'il a prononcés, pendant la plus grande partie de son pontificat. L'un est S. E. le Cardinal Pacca, l'autre, S. E. le Cardinal Ricci ; tous deux, précédemment Maîtres des chambres et grands Majordomes au Vatican. Or, voici leur témoignage : *Jamais Pie IX n'a dit qu'il verrait de son vivant et de ses propres yeux le triomphe de l'Église. Seulement, il a parfois parlé de ce triomphe en termes si émus et si magnifiques, que certains auditeurs enthousiasmés tiraient cette conclusion : donc il le verra de ses propres yeux.*

Cette conclusion, nullement proférée par les lèvres de Pie IX, était erronée.

Loin de notre pensée, assurément, de nier qu'il ait été peut-être accordé à Pie IX d'entrevoir, dans une lumière surnaturelle, les magnificences du futur triomphe de l'Église. Pie IX a pu être favorisé de ces lumières et trouver, à cause de cela, des termes émus qui ravissaient ses auditeurs. Mais, d'autre part, il faut bien se garder d'oublier cette règle essentielle d'interprétation relative aux prophéties, à savoir que celui qui est favorisé de lumières prophétiques emploie souvent, dans son langage, des verbes au *présent*, bien que les choses manifestées ne doivent s'accomplir que dans un *futur* souvent éloigné. Il se sert de termes, de verbes, au *présent* parce que les choses futures lui sont si clairement découvertes, si pleinement manifestées, qu'il les voit pour ainsi dire sous son regard, qu'il les touche de sa main, qu'il lui est même possible de les analyser. Et cependant tout cela ne s'accomplira que plus tard!

Il existe, dans la Bible, un exemple frappant, qui fera bien saisir la nature de ces vues prophétiques. C'est celui de Balaam, prophète de la Gentilité, mandé par Balac, roi des Moabites, pour maudire Israël et l'empêcher d'entrer dans la Terre-Promise. Sous le souffle de l'Esprit-Saint qui s'est emparé de lui, Balaam, loin de maudire, est contraint de bénir ; et, apercevant en même temps, dans une lumière du même Esprit, les magnificences à venir du Messie et de l'Église, il s'écrie :

Je le vois, mais pas encore;
Je le vois, mais non pas proche :
Une étoile se lève sur Jacob,
Un sceptre sort d'Israël [1]...
Que tes pavillons sont beaux, ô Jacob !
Que tes tentes sont belles, ô Israël [2] *!*

Lorsque Balaam émettait cet oracle, développait cette prophétie, le Messie qu'il annonçait lui était si réellement manifesté, les pavillons qu'il décrivait lui étaient si clairement montrés, qu'il pouvait s'écrier en toute vérité : *Je le vois... Je le vois! Que tes pavillons sont beaux! Que tes tentes sont belles!* Et cependant, toutes ces choses ne devaient se réaliser, s'ac-

[1] *Nomb.*, xxiv, 17; traduction d'après le texte hébreu.
[2] *Ibid*, 5.

complir que quinze siècles plus tard! Mais les impatients de cette époque, n'y en a-t-il pas eu en tout temps! ont dû très certainement se dire à eux-mêmes et ensuite raconter partout : *Oh ! le Messie va arriver, car Balaam a dit qu'il le verrait; il a même ajouté qu'il le voyait déjà, qu'il arrivait*... Ainsi ont dû parler alors les impatients d'Israël, emportés et trompés par leurs désirs, et négligeant même de tenir compte de ces autres et cependant bien positives paroles, prononcées également par Balaam : *mais pas encore,... mais non pas proche.*

Il importe donc, cet exemple le prouve, de se montrer très réservé à l'endroit des prophéties.

Cependant, comme, d'autre part, « *la parole des Papes est une parole à part* », ainsi que le disait avec raison l'évêque de Poitiers, Mgr Pie, il importe de recueillir soigneusement cette parole, de la garder, de l'étudier, de la méditer.

C'est donc pour accomplir ce conseil que nous rééditons ici un discours important, mais peut-être oublié, de Pie IX. Son authenticité est hors de conteste; on en retrouvera l'ancienne copie dans le journal l'*Univers* du 10 mai 1873.

Puisse ce discours contribuer à relever la confiance et à multiplier les prières.

La France m'a toujours, et en toutes circonstances, donné des gages d'amour et m'en donne encore à présent, ce qui me prouve de plus en plus que certaines paroles sorties de la bouche infaillible de

Jésus-Christ, et que l'Église nous met en ces jours sous les yeux, peuvent fort bien s'appliquer à la France : MODICUM ET NON VIDEBITIS ME, VOUS NE ME VERREZ PAS PENDANT UN CERTAIN TEMPS ; MAIS JE ME MANIFESTERAI DE NOUVEAU, ITERUM MODICUM ET VIDEBITIS ME. JE ME MANIFESTERAI DE NOUVEAU A CETTE GRANDE ET CATHOLIQUE NATION.

Son éloignement temporaire était peut être nécessaire pour faire naître dans un grand nombre de cœurs le fervent désir de le revoir, et parce que tout le monde n'a pas fait son devoir en ces derniers temps. Des doctrines fausses, des hommes appartenant à la secte infernale, des mœurs corrompues, des incrédules de toute sorte ont fait irruption sur tous les points de ce grand et noble pays.

Un très grand nombre d'hommes ont suivi le courant, mais il en est aussi plusieurs qui ont reculé d'épouvante et qui, après s'être recueillis en eux-mêmes, ont recouru à Dieu. Les Pasteurs ont parlé et ont prié entre le vestibule et l'autel; les chastes épouses de Jésus-Christ, prosternées à ses pieds, ont versé des larmes et, faisant violence à son cœur, elles ont demandé que la lumière se fît pour ceux qui, par ignorance ou par malice, gisent dans les ténèbres et les ombres de la mort, et qu'au milieu de l'obscurité une étincelle de foi se montrât à eux tous, mais spécialement à ceux auxquels on peut appliquer ces paroles : VIDEO MELIORA PROBOQUE, DETERIORA SEQUOR. *A ces prières se sont jointes celles d'un grand nombre de bons chrétiens, et de pieuses mères de famille, et surtout celles de cette phalange de jeunes gens d'élite qui mettant sous les pieds tout respect humain, n'ont voulu rechercher que le bien et, le front levé, se sont courageusement déclarés chrétiens.*

Eh bien! les pèlerinages, les prières, la fréquence des sacrements, la bonne volonté qui se manifeste en France, sont un gage, une preuve que NOTRE-SEIGNEUR SE MANIFESTERA DE NOUVEAU A LA FRANCE : MODICUM ET VIDEBITIS ME.

Oh! puisse-t-il, en se manifestant à ce pays de prédilection, lui apporter le salut qu'il apporta aux apôtres : PAX VOBIS! *Qu'il nous donne à tous cette paix qui accompagne les enfants de Dieu, même au milieu des tribulations et des combats auxquels ils sont condamnés; cette paix qui, en nous conservant notre liberté d'esprit, même au milieu des circonstances les plus difficiles, nous porte à agir avec fermeté, quoique sans précipitation, et à marcher dans la voie qui conduit à la vie.*

Puisque l'Église célèbre aujourd'hui la mémoire d'un saint qui a illustré par ses vertus cette Chaire Apostolique, prions-le de nous obtenir de Dieu, par l'entremise de la Reine des anges, de cette Reine qui a écrasé la tête du serpent infernal, qui a vaincu les hérésies et qui a obtenu pour ce grand Pontife la victoire sur le peuple mahométan, prions-le, dis-je, de nous obtenir la victoire sur les ennemis actuels de l'Église (ce ne sont pas des Turcs; pour leur confusion, ils sont chrétiens), afin qu'un jour nous puis-

sions leur appliquer ces paroles : VIDI IMPIUM SUPEREXALTATUM ; TRANSIVI, ET ECCE NON ERAT.

Mais pour combattre, il faut du courage, pour vaincre, il faut de la constance, et pour triompher, il faut de la modestie ; prions donc aussi Pie Ier, qui scella sa foi en mourant en holocauste pour la vérité, de nous obtenir le courage et la constance nécessaires pour combattre, afin que nous puissions obtenir le triomphe désiré, et passer des jours de paix dans la pratique des vertus chrétiennes.

En attendant, je vous bénis, vous et vos familles, je bénis l'épiscopat, le clergé et la France tout entière, même cette partie de la France qui fait peu de cas de la Bénédiction Apostolique. Oui, que cette Bénédiction descende aussi sur cette partie non choisie de la France, et qu'elle soit la lumière qui l'éclaire et l'excite à faire le bien, ou la flamme qui la détruise : QUOD DEUS AVERTAT ! *(Que Dieu détourne ce malheur !) Quant à nous, demeurons inébranlables dans la confiance, et ne perdons pas courage, car Dieu est avec nous ; or, s'il est avec nous,* QUIS CONTRA NOS ?

III

LE GROS DIAMANT DANS LE DIADÈME DES ROIS DE FRANCE

Je vous sacre pour être les perpétuels défenseurs de l'Église et des pauvres! Telle fut la parole que saint Remi répandit avec l'huile sainte sur la tête de Clovis et des rois de France, ses successeurs.

S'ils s'étaient rappelé cette annonce de sublime avenir, les membres de la Chambre des Députés eussent peut-être hésité à décréter la vente des diamants de la Couronne. Car, à parer dignement un Pouvoir et un peuple honorés d'une pareille mission, tous les diamants de ce monde pourraient-ils jamais suffire?

Et cependant, la vente des diamants de la Couronne de France est, depuis plus d'un an, un fait accompli. Cette vente a été décrétée, à la Chambre des Députés, le 20 juin 1882, par 248 voix contre 169. Tous les diamants doivent être vendus, à l'exception de quelques-uns qui, à cause de leur rareté, figurereront désormais dans la vitrine d'un musée.

Le Régent[1] est de ce nombre.

Mais le Régent lui-même eût-il été sacrifié, le décret n'aurait point réussi pour cela à faire disparaître le gros diamant qui a orné si longtemps et si magnifiquement le diadème des rois de France.

Il est, en effet, un diamant qui l'emporte de beaucoup sur le Régent.

C'est un vieux parchemin tout poudreux, car il date de l'an 755, et de plus, il porte la signature d'un Pape.

En voici la copie : « *Pierre, apôtre, appelé par Jésus-Christ, Fils du Dieu vivant, et avec moi l'Église catholique, apostolique, romaine, maîtresse de toutes les autres, et Étienne, évêque de Rome, à vous, hommes très excellents, Pépin, Charles et Carloman, tous trois rois, aux évêques, abbés, ducs, comtes; à toutes les armées et à tout le peuple de France. — Moi, Pierre apôtre, ordonné par la puissance divine pour éclairer le monde, je vous ai choisis pour mes fils adoptifs, afin de défendre contre leurs ennemis la cité de Rome, le peuple que Dieu m'a confié et*

1 « Cette pierre unique au monde restera dans nos musées, ainsi qu'un des Mazarins couleur fleur de pêcher, la pierre la plus merveilleuse que l'on puisse voir. — De son côté, le Muséum minéralogique a réclamé quelques spécimens utiles à la science lapidaire, et il a été fait droit à cette demande. Ces objets sont : 3 briolettes (diamant) ; 3 rubis ; 12 améthystes ; 20 opales ; 13 perles ; 1 lot de de petites perles ; 2 lots de turquoises ; 1 lot d'émeraudes ; 1 lot de topazes roses ; 1 lot de pierres vertes ; 1 diamant (portrait) ; 1 opale (spécimen) ; 1 lot de rubis, d'émeraudes, de saphirs et de diamants (pour l'École des Mines). » (*Le Nouvelliste de Lyon*, 26 juin 1882).

le lieu où je repose selon la chair. Je vous appelle donc à délivrer l'Église de Dieu qui me fut recommandée d'en haut, et je vous presse, parce qu'elle souffre de grandes afflictions et des oppressions extrêmes... N'hésitez point, mes bien-aimés, mais croyez que je vous prie et vous conjure comme si j'étais présent devant vous : car, selon la promesse reçue de Notre-Seigneur et Rédempteur, je distingue le peuple des Francs entre toutes les nations... Prêtez aux Romains, prêtez à vos frères tout l'appui de vos forces. afin que moi, Pierre, vous couvrant tour à tour de mon patronage en ce monde et en l'autre, je vous dresse des tentes dans le royaume de Dieu [1]. »

N'est-ce point d'un si précieux parchemin, confirmation solennelle par la Papauté elle-même de la mission octroyée aux rois de France depuis saint Remi, qu'on est fondé à dire, mieux encore que Berryer, dans un procès célèbre : *Toucher au nom des Montmorency, c'est comme si on portait la main sur les diamants de la Couronne !*

Et cependant, c'est sans trembler qu'on a porté la main sur les diamants de la Couronne.

[1] Nous empruntons la traduction de cette lettre fameuse, où le Pape Étienne fait parler l'apôtre saint Pierre, à Frédéric Ozanam. Le docte professeur l'a accompagnée des réflexions suivantes : « En citant la lettre écrite par le pape Étienne au nom de l'apôtre saint Pierre (D. Bouquet, V, 495), je me suis borné aux passages les plus décisifs. La critique moderne ne permet plus de considérer cette lettre comme une supercherie religieuse, ni même comme une vaine prosopée. » (Ozanam, *Études germaniques*, t. II, pp. 250, 251, Paris, 1872).

Mais le vieux parchemin, lui, demeure intact : c'est qu'il se trouve placé sous la garde du temps, souvent plus respectueux que la main des hommes.

Un diamant d'une eau et de feux presque semblables se voyait également dans le splendide diadème que portaient autrefois les rois de Juda.

C'était aussi un vieux parchemin.

En voici le contenu :

« *Tu diras ceci à mon serviteur David : Voici ce que dit le Seigneur des armées : « Je t'ai pris au milieu des pâturages où tu suivais les troupeaux, afin que tu fusses chef sur mon peuple d'Israël.*

Et j'ai été avec toi dans tous les lieux où tu as marché et j'ai exterminé tous tes ennemis devant ta face, et je t'ai fait un grand nom, semblable au nom des grands qui sont sur la terre...

Mais le Seigneur te prédit encore qu'il réserve à ta famille de hautes destinées.

Quand tes jours seront accomplis, et que tu reposeras avec tes pères, je susciterai ton fils qui viendra après toi, qui sortira de toi, et j'affermirai son règne.

Ce sera lui qui bâtira un Temple à mon nom, et j'affermirai le trône de son règne jusqu'à l'éternité.

Je lui serai Père, *et il me sera* Fils. *Dans son état de péché, je le châtierai avec la verge des mortels, et par les plaies des fils d'Adam.*

Mais mon affection ne le quittera jamais, comme je l'ai retirée à Saül que j'ai rejeté pour te mettre à sa place.

Ta maison et ton règne seront stables devant ta face jusqu'à l'éternité; ton trône sera affermi jusqu'à l'éternité[1]. »

On le voit, le parchemin de la Maison de Juda et le parchemin de la Maison de France se ressemblaient beaucoup ; l'un et l'autre portant gravé le nom du Rédempteur, l'un et l'autre se rapportant au Christ.

Il y avait pourtant une différence.

Cette différence consistait dans le genre de mission annoncée et confiée à chacune des deux Maisons :

Par son parchemin, la Maison de Juda était établie pour préparer et fournir la nature humaine de la personne du Christ à venir : *Quand tes jours seront accomplis et que tu reposeras avec tes pères, je susciterai ton fils qui viendra après toi, qui sortira de toi... Je lui serai* PÈRE, *et il me sera* FILS.

Par le sien, la Maison de France a été suscitée pour garder et défendre l'Église, œuvre du Christ : *Je vous ai choisis pour mes fils adoptifs, afin de défendre contre leurs ennemis la cité de Rome, le peuple que Dieu m'a confié, et le lieu où je repose selon la chair.*

A l'une, de préparer l'avènement de la personne.

A l'autre, de sauvegarder son œuvre et d'assurer son règne.

Personne ou œuvre, c'était bien toujours le Christ !

De plus, c'est à cause de cette similitude de mission

[1] C'est le prophète Nathan qui fut chargé de faire connaître cette grande annonce à David et à sa Maison ; elle est reproduite ici d'après le texte hébreu (II, *Rois*, VII, 4, 8-16).

que des grâces presque semblables ont été accordées, à travers les siècles, ici, à la Maison de Juda, là, à la Maison de France.

Qu'on en juge :

Toutes deux sont, à leur origine, sacrées par un envoyé de Dieu : la Maison de David, par Samuel ; la Maison de France, par saint Remi.

Le don de la vaillance est fait à chacune d'elles : la fierté du *Sicambre* et le rugissement du *Lion de Juda* ne sont-ils pas restés célèbres ?

L'une et l'autre, à l'heure du péril, se voient sauvées par une héroïne : la Maison de Juda, par Judith, la Maison de France, par Jeanne d'Arc.

Mais aussi, lorsque ces deux Maisons se prennent à dévier dans l'accomplissement de leur mission, des châtiments presque pareils leur sont infligés, afin de ramener chacune d'elles dans sa voie :

L'une et l'autre ont connu de ces revers soudains, inexplicables, où mille de leurs soldats, d'ordinaire sans peur, fuyaient éperdus devant la face d'un seul ennemi [1].

L'une et l'autre ont vu leurs sépultures violées : sur le mont Sion, on brisa un jour à coups de hache les tombeaux des rois de Juda [2]; et, à Saint-Denis, les

[1] *Comment a-t-il pu se faire qu'un seul ennemi en ait battu mille, et que deux en aient fait fuir dix mille ? N'est-ce pas à cause que leur Dieu les a vendus et que le Seigneur les a livrés en proie ?* (Deutéron., XXXII, 30).

[2] « *En ce temps-là, dit le Seigneur* (lors de la prise de Jérusalem par les Chaldéens), *on jettera les os des rois de Juda et les os des princes... hors de leurs sépulcres. Et on les étalera au soleil, à la lune et à toute la milice du ciel qu'ils ont aimés, qu'ils ont servis, qu'ils*

petits enfants « se sont joués avec les os » profanés de nos rois [1].

Ce parallèle providentiel qu'on suit aisément entre la Maison de David et la Maison de France, serait-il destiné à se poursuivre jusqu'au bout ?

Un jour vint, jour de bien triste mémoire, où le gros diamant cessa de briller dans le diadème des rois de Juda.

Il en avait été volontairement retiré.

Ce fut lorsque, infidèles à leur mission, les descendants de David ne se soucièrent plus de garder pur dans leurs veines le sang destiné à former le corps terrestre du Christ à venir ; mais se mirent à le profaner par des unions coupables et réprouvées de Dieu [2].

ont suivis, qu'ils ont recherchés et qu'ils ont adorés. On ne les ramassera pas et on ne les ensevelira pas, on les laissera sur la terre pour servir d'engrais » (Jérém , VIII, 1, 2).

[1] « On voyait autrefois, près de Paris, des sépultures fameuses entre les sépultures des hommes. Les étrangers venaient en foule visiter les merveilles de Saint-Denis..... C'est là que venaient tour à tour s'engloutir les rois de la France. Un d'entre eux, et toujours le dernier descendu dans ces abîmes, restait sur les degrés du souterrain, comme pour inviter sa postérité à descendre. Cependant Louis XIV a vainement attendu ses deux derniers fils..... Chose digne de méditation ! Le premier monarque que les envoyés de la justice divine rencontrèrent fut ce Louis si fameux par l'obéissance que les nations lui portaient. Il était encore tout entier dans son cercueil. En vain pour défendre son trône il parut se lever avec la majesté de son siècle et une arrière-garde de huit siècles de rois : en vain son geste menaçant épouvanta les ennemis des morts..... Tout fut détruit. Dieu, dans l'effusion de sa colère, avait juré par lui-même de châtier la France : ne cherchons point sur la terre les causes de pareils événements ; elles sont plus haut..... Elles ne sont plus, ces sépultures ! Les petits enfants se sont joués avec les os des puissants monarques. » (Chateaubriand, *Génie du Christianisme*, 4e part., liv. II, chap. IX, *Saint-Denis*).

[2] *Ézéchiel*, XVI, 14-59, a décrit les désordres de Jérusalem, désordres auxquels les derniers rois de Juda surtout ont pris une si large part.

Alors, après de multiples mais inutiles avertissements, éclata du plus haut des cieux cette formidable sentence : « *Terre, terre, terre, écoute ce que dit le Seigneur! Voici ce que dit le Seigneur : Écris que cet homme sera stérile; que, pendant ses jours, cet homme n'aura aucune prospérité; et qu'il ne sortira point d'homme de sa race qui soit assis sur le trône de David, ni qui exerce à l'avenir la puissance souveraine dans Juda* [1]. »

Cette manière surprenante d'appeler ainsi trois fois la terre, pour la rendre attentive, était l'irrévocable arrêt de la déchéance des rois de Juda !

Désormais le trône de Juda restera vide de tout descendant terrestre de David. Puisque la grandeur les rendait infidèles à leur mission, leurs fils vont avoir à purifier, dans l'obscurité et la pauvreté, ce sang de leurs veines réservé au Messie. Nul d'entre eux ne remontera donc sur le trône. Seul, après cinq cents ans de vacance, le Messie, Jésus-Christ, l'occupera de nouveau; et, Fils céleste de David, il rendra éternel, selon la promesse, le trône de son aïeul [2].

[1] *Jérém.*, XXII, 29, 30.

[2] Si les descendants de David étaient restés fidèles à leur mission, en évitant l'idolâtrie et les unions coupables, voici ce qui serait arrivé : Il y aurait eu une succession ininterrompue de rois de leur race sur le trône de Juda jusqu'au moment où le Messie se serait présenté pour l'occuper. Dieu l'avait annoncé ; mais la promesse de Dieu était conditionnelle : il fallait que les descendants de David fussent religieux et fidèles, le Seigneur ne s'engageant à les maintenir sur le trône qu'à cette condition (Voir *Psaum.* LXXXVIII, 21-38; I *Paralip.*, XXVIII, 5-7; III *Rois*, IX, 4, 5). Une fois précipitée du trône et jetée dans l'obscurcissement, la famille de David ne laisse pas de se conserver dans deux branches, où l'on compte tous les descendants de mâle en mâle, dans l'attente du Messie. (*Math.*, I, 1-17 ; S. *Luc*, III, 23-38). Lors donc que Jérémie annonce que Jéchonias sera *stérile*,

Il y a six mois, lorsque le dernier héritier direct de Louis XIV au trône de France, Henri V, s'est éteint à Frohsdorf, comme au centre de l'Europe et dans une solennité de la mort dont on reste encore saisi, plusieurs se sont demandé si le terrible arrêt porté autrefois contre la Maison de David, n'était pas renouvelé à cet instant contre la Maison de France : « *Terre, terre, terre, écoute ce que dit le Seigneur! Voici ce que dit le Seigneur : Écris que cet homme sera stérile; que pendant ses jours, cet homme n'aura aucune prospérité; et qu'il ne sortira point d'homme de sa race qui soit assis sur le trône de David, ni qui exerce à l'avenir la puissance souveraine dans Juda.* »

Nous ne le pensons pas; en voici la raison :

Lorsque la formidable sentence fut fulminée contre la maison de David, le roi qui la personnifiait alors sur le trône de Juda, Jéchonias, était un prince impie. L'Écriture le fait connaître en ces termes : *Jéchonias avait dix-huit ans lorsqu'il commença à régner et il régna trois mois et dix jours à Jérusalem. Il se ren-*

ce mot ne doit pas s'entendre d'une stérilité absolue, puisque dans la généalogie du Christ, Jéchonias est mentionné comme père de Salathiel (*Math*, I, 12), mais en ce sens que, après lui, aucun de sa postérité ne règnera plus. Au reste le contexte l'indique suffisamment. — Lorsque Jésus-Christ paraît et qu'il obtient des Juifs dèles, ainsi que de la Gentilité, comme autrefois David, de la tribu de Juda et de Benjamin, la foi, l'espérance, l'amour, alors, après cinq cents ans de vacance, le trône de David est de nouveau occupé, et commence ce règne spirituel qui n'aura jamais de fin: *Je l'ai une fois juré dans ma sainteté, je ne mentirai pas à David... Son trône sera comme le soleil en ma présence... Ta maison et ton règne seront stables devant ta face jusqu'à l'éternité (Ps.* LXXXVIII, 36-38; II. *Rois*, VII, 16).

dit coupable aux yeux du Seigneur [1]. De plus, Jéchonias ne fit aucun cas de cet avis que Dieu lui avait fait donner par la bouche de Jérémie : *Dites au Roi et à la Reine : Humiliez-vous, asseyez-vous dans la poussière pour faire pénitence, parce que la couronne de votre gloire va tomber de votre tête* [2] *!*

C'est le contraire qui s'est manifesté dans la personne et dans la vie d'Henri de France. Henri V fut, par excellence, l'homme de la piété, de la droiture, de la dignité, de l'honneur. Depuis saint Louis, tous en conviennent, nul prince ne présenta un aussi rare assemblage des plus belles vertus. C'est donc une parole de vie, capable de refouler même un décret de mort, qu'Henri V a méritée auprès de Dieu, en faveur de la Maison de France !

La couronne de cette noble Maison se reconstituera donc.

Sans doute beaucoup d'anciens et merveilleux diamants n'y figureront plus. Ils sont déjà vendus.

C'est un malheur, mais ce malheur est réparable.

L'essentiel, c'est que l'antique parchemin, le gros diamant, y reparaisse.

Les fils de Clovis l'ont mérité.

Les Carlovingiens l'ont reçu.

Les Capétiens l'ont porté [3].

[1] IV. *Rois*, XXIV, 8 ; II. *Paralip.*, XXXVI, 9.

[2] « *Dic regi, et dominatrici : Humiliamini, sedete : quoniam descendit de capite vestro corona gloriæ vestræ* » (*Jérém.*, XIII, 18).

[3] Grégoire IX écrivait à saint Louis, le plus illustre des Capétiens : « Il est manifeste que ce royaume béni de Dieu a été choisi par notre Rédempteur pour être l'exécuteur de ses divines volontés. Jésus-Christ l'a

Si jamais, ce qu'à Dieu ne plaise! la Maison de France devait rejeter le gros diamant, en abdiquant sa mission séculaire de gardienne et de protectrice de l'Église, il en serait bientôt d'elle comme il en fut de la Maison de David; une heure sonnerait où il lui faudrait dire aussi, et pour toujours : *Ma couronne de gloire est tombée de ma tête !*

pris en sa possession, comme un carquois d'où il tire des flèches choisies, qu'il lance avec la force irrésistible de son bras, pour défendre la foi et la liberté de l'Église, châtier les impies et maintenir le règne de la justice. Aussi tous nos saints prédécesseurs, dans leur détresse, n'ont pas manqué de réclamer un secours que les rois de France ne leur ont jamais refusé ! » (Labbe, *Concilia*, t. II, part. I, p. 366). — Voir dans Bossuet l'admirable chapitre : *Les rois de France ont une obligation particulière à aimer l'Église et à s'attacher au Saint-Siège* (Bossuet, *Politique tirée de l'Écriture*, liv. VII, art. VI, propos. XIV).

IV

PRIÈRE A NOTRE-DAME-DU-PEUPLE

Le recours à Marie, invoquée sous le titre de *Notre-Dame-du-Peuple*, n'est pas une nouveauté dans l'Église. Cette dévotion est, au contraire, très ancienne, ainsi qu'il va l'être montré.

Ce qui appartient en propre au pauvre village du Valromey dont il a été parlé plus haut[1], et rend sa dévotion vraiment touchante, c'est d'abord l'attitude si actuelle, si heureusement imaginée de la statue de la Vierge, dont l'une des mains est placée sur son cœur, tandis que l'autre indique la foule; c'est ensuite l'inscription gravée au bas, pour apprendre ce qu'est présentement au ciel la médiation de Marie :

Mon Fils, je vous recommande le peuple !

Voilà ce qu'il y a de particulier dans la dévotion du pauvre village en Valromey.

[1] Voir plus haut pages 79-81

Mais le culte de Marie, sous le vocable de *Notre-Dame-du-Peuple,* remonte lui-même bien haut.

Il date du treizième siècle.

Voici ce qui en fut l'occasion :

Sur la pente d'une des collines de Rome, le Pincius, se trouvait le tombeau des *Domitius* où fut enterré Néron. Les cruautés du tyran avaient été si atroces durant tout son règne que, leur souvenir se perpétuant d'âge en âge, avait laissé, même après sa mort, dans l'esprit du peuple romain, un effroi instinctif. On craignait de s'approcher du lieu de sa sépulture; on fuyait cet endroit de Rome comme maudit, tant on avait peur d'en voir ressusciter le monstre.

En 1099, le pape Pascal II entreprit, pour rassurer le peuple, de sanctifier ce versant du Pincius en y érigeant une chapelle. En effet, à peine y fut-elle élevée, que les terreurs cessèrent. Mais cette chapelle étant devenue trop étroite pour la foule toujours croissante des pieux visiteurs, Grégoire IX, le pape contemporain et ami de saint Louis, résolut, au treizième siècle, de la remplacer par une belle et vaste église. Ayant donc fait appel à la générosité du peuple romain, les aumônes arrivèrent si empressées et si nombreuses, que Grégoire IX, pour perpétuer à la fois et le souvenir de la crainte bannie du milieu du peuple, et celui du concours de tous dans l'élan des offrandes, assigna à la nouvelle église le beau et sympathique vocable de *Sainte-Marie-du-Peuple (S. Maria del Popolo).*

Cette église, dédiée en 1227, subsiste toujours[1], et il semble que le même motif qui y amena les foules au douzième et au treizième siècles, doive les y ramener aujourd'hui.

Néron, en effet, n'a-t il pas reparu? Mais Néron sous une forme plus universelle et plus effrayante, la Révolution et ses tyrannies!

Le peuple est foulé par elle; et, comme au temps de Néron, il la sert par corruption ou par peur.

Qui donc aura pitié du pauvre peuple?

Qui lui rendra le Dieu de ses pères?

Qui lui rendra l'antique protection de la Croix?

Qui lui rendra la dignité, la sincérité et la perpétuité de ses unions conjugales?

Qui lui rendra la propriété de ses enfants?

Qui lui rendra l'assurance du pain de chaque jour?

Qui lui rendra le repos et la joie de ses dimanches?

Qui lui rendra les soins charitables et respectueux de ses Hôtels-Dieu?

Qui lui rendra la liberté sacrée du dernier soupir?

Qui lui rendra la présence et les bénédictions de l'Église à ses funérailles?

Qui lui rendra, sur ses tombes, le signe du Dieu Rédempteur?

Qui lui rendra enfin le désir et l'espérance d'une éternité bienheureuse?

[5] Elle a été restaurée et embellie par les Papes Sixte IV (1471), Jules II (1508), et Alexandre VII (1658).

N'est-ce pas Celle qui, invoquée autrefois en faveur du peuple, le délivra du cauchemar de Néron?

Recourons donc à sa protection! La dévotion à *Notre-Dame-du-Peuple*, empruntée à Rome, ne mérite-t elle pas de franchir les limites du Valromey, et de trouver place, auprès des âmes chrétiennes, parmi les pratiques de piété employées pour obtenir le salut? Qui pourrait mieux les aider à guérir, à protéger, à sauver un peuple que Celle qui porte, depuis des siècles, le significatif et efficace nom de *Notre-Dame-du-Peuple*?

A Rome, il est une prière spéciale qu'on récite dans son église et devant son image.

La voici, elle est l'œuvre d'un saint[1] :

PRIÈRE A LA SAINTE VIERGE

EN TEMPS D'ÉPREUVES ET EN DANGER DE MORT

O très sainte Mère de miséricorde, Vierge excellente, Vierge magnifique, Vierge souveraine, Reine

[1] C'est saint Pascal Baylon, religieux de l'ordre de Saint-François. Né en Espagne, l'an 1540, le jour de Pâques, il reçut à cause de cette circonstance le nom de Pascal. Employé dans son enfance à la garde des troupeaux, cet enfant du peuple, d'une piété qui ne se démentit jamais, ne tarda pas à entrer dans l'ordre de Saint-François, le plus populaire des ordres religieux. Après ses vœux, on lui donna le soin des malades et c'est à leur service qu'il passa la plus grande partie de sa vie. Il les aimait tendrement, les soignait avec respect et souvent les guérissait par la vertu du signe de la croix qu'il faisait sur eux. Il avait une singulière dévotion pour la très sainte Vierge. C'est aussi à cause de cette grande dévotion à Marie, que Dieu lui a accordé le don de guérir, soit de son vivant, soit du haut du ciel, tant de personnes précipitées dans l'épreuve ou en danger de mort. Il s'endormit dans la paix du Seigneur en 1592 et fut canonisé en 1680.

des cieux et de la terre, Mère de Dieu! Suprême Dominatrice des anges et des hommes, Avocate réservée aux pécheurs, Refuge le plus certain et le plus assuré après Dieu, Remède et Secours des malheureux, ô Fille du Père, Mère du Fils, Epouse du Saint-Esprit! ô Marie, Vous qui, avec votre doux et suave nom, rendez l'allégresse et la force à qui Vous invoque, tournez vers nous, pauvres pécheurs, vos regards si doux, si compatissants, si bienveillants, si miséricordieux!... Voyez avec quelle confiance nous crions vers Vous! Venez donc, très douce Vierge et notre Reine, et par votre sainte humilité, secourez-nous en cette heure de suprême danger! Voici le moment où nous avons le plus besoin de votre protection; de grâce! ne nous abandonnez pas en une si extrême nécessité! O douce Assistante des malheureux, protégez-nous de votre divin secours que nous sollicitons de tout cœur! Aidez-nous, secourez-nous, ne nous laissez pas périr, nous Vous le demandons par l'amour que Vous portez à Votre divin Fils, Notre-Seigneur Jésus-Christ! Amen.

Notre-Dame-du-Peuple, exaucez-nous!
Notre-Dame-du-Peuple, protégez-nous!

Bienveillant lecteur, maintenant que vous avez lu cette prière, de vos yeux, ne consentirez-vous pas à la prononcer également des lèvres et surtout du cœur pour le salut du peuple, pour la guérison de la France?

Et Vous, ô Jésus-Christ, Vous le bon Maître[1] *et le bon Pasteur*[2], *Vous dont le Cœur a laissé autrefois*

[1] Magister bone (*S. Math.*, XIX, 16).
[2] Ego sum Pastor bonus (*S. Joan.*, X, 14).

échapper cette bonne parole[1] : *J'ai compassion du peuple, Je m'apitoie sur le peuple*[2] ; *ah! daignez aujourd'hui Vous rendre favorable à ce cri suppliant d'un Cœur qui est celui de Votre Mère :*

Mon Fils, je vous recommande le peuple!

« *Et le Seigneur*, dit la Bible, *fut touché de zèle pour sa terre, et il pardonna à son peuple*[3]. »

1 Eructavit cor meum verbum bonum (*Psal.*, XLIV, 2).

2 Misereor super turbam (*S. Marc*, VIII, 2).

3 Zelatus est Dominus terram suam, et pepercit populo suo (*Joël*, II, 18).

FIN

TABLE DES MATIÈRES

SUPPLÉMENT

LYON. — IMPRIMERIE PITRAT AINÉ, RUE GENTIL, 4

www.ingramcontent.com/pod-product-compliance
Ingram Content Group UK Ltd.
Pitfield, Milton Keynes, MK11 3LW, UK
UKHW022111190726
13855UKWH00002B/789

9 782012 829053